4차산업혁명시대
청소년의 자기이해를 위한 에니어그램

발   행 | 2022년 1월 18일

저   자 | 양옥미

펴낸이 | 한건희

펴낸곳 | 주식회사 부크크

출판사등록 | 2014.07.15.(제2014-16호)

주   소 | 서울특별시 금천구 가산디지털1로 119 SK트윈타워 A동 305호

전   화 | 1670-8316

이메일 | info@bookk.co.kr

ISBN | 979-11-372-7078-7

www.bookk.co.kr

4차산업혁명시대

청소년의
자기이해를 위한
에니어그램

양옥미 지음

CONTENT

4차산업혁명 시대 역량은 자기 이해에서 시작됩니다.
아름답고 소중한 나를 찾아서

나의 첫 번째 책 '강점 수업-행복한 진로 찾기'를 쓴지 시간이 좀 흘렀다. 그리고 지금 '4차산업혁명 시대 청소년의 자기 이해를 위한 에니어그램' 책이 나왔다. 내가 이 책을 쓰게 된 이유가 있다. 에니어그램이 청소년에게 좋은 영향을 줄 수 있기 때문이다. 에니어그램으로 먼저 나의 성격을 객관적으로 알고 이해할 수 있다. 나를 이해하는 기반을 바탕으로 미래사회 핵심 역량인 창의적 사고력과 문제해결력을 높이고, 소통과 공감을 기반으로 협업 능력을 기를 수 있다.

"내가 뭘 좋아하는지 몰라요. 뭐가 되고 싶은지 몰라요. 무엇을 잘하는지도 모르겠어요. 내가 왜 이런지 이해가 안 돼요. 못할 것 같아요. 그냥요. 싫어요. 안 할래요. 귀찮아요." 청소년들이 많이 사용하는 말이다. 청소년은 여러 가지 변화로 인해 혼란하고 복잡하다. 진짜 나는 누구일까? 나를 사랑해야 한다고 말하지만 나를 잘 모르겠다. 나는 왜 내가 싫을까? 내가 나를 이해하기가 힘들다. 짜증 난다. 내가 원하는 것이 무엇일까? 나의 감정과 생각과 욕구를 표현하기 어렵다. 내가 무엇을 하면서 살아야 할지 모르겠다.

청소년기는 자신을 이제 객관적으로 보는 눈이 싹튼다. 그래서 마냥 자신을 긍정적으로 바라보지 못한다. 남과 비교하게 된다. 그러다보니 자존감이 인생 그래프 중 가장 낮다. 내가 싫어서 무언가 꿈꾸기도 싫고 자신감도 없다. 그저 손에 잡히는 스마트폰이나 게임, TV 속에 파묻혀서 현실의 고통을 잊으려고 한다. 그래서 예능프로나 오디션 프로를 보면서 위로와 즐거움을 얻고 있는지 모른다.

이러한 질풍노도기의 청소년들은 무엇보다 자신의 모습을 받아들이는 과제를 풀어야 한다. 청소년기의 자기 정체감은 자신의 모습을 수용하면서 형성된다. 자신의 모습을 있는 그대로 받아들이는 자기수용은 자신의 성격을 이해하는 데서 출발한다. 에니어그램으로 남과 다른 나를 이해할 때 자기수용감이 싹이 튼다. 그리하여 자신을 수용하는 마음을 회복할 수 있다.

청소년에게 자기 정체감이 생길 때 미래에 대한 소망과 꿈을 품는다. 무엇보다 진로를 준비한다. 위드코로나와 4차산업혁명 시대가 청소년에게 그 어떤 시기보다 너의 역량이 무엇인지 묻고 있다. 명사 100인이 꼽은 미래 역량은 창의력, 인성, 융복합 능력, 협업 역량, 커뮤니케이션 능력이다.

4차산업혁명 시대는 기업의 채용 시장도 바뀐다. 이미 블라인드 채용과 직무 중심의 수시 채용이 대세가 되고 있다. 기업이 채용할 때 단지 학벌과 요건만을 보는 시대는 끝났다. 대학의 이름보다는 본인의 능력이 필요한 시대가 왔다.

청소년기에 역량을 형성하기 위한 중요한 준비는 자신을 잘 이해하는 일이다. 능력은 나의 성격적인 특질에서 시작한다. 그리고 능력이 역량이 된다. 나의 성격과 본질의 뿌리에서 능력은 싹을 틔운다. 싹이 잘 자라도록 물을 주고 키우면 열매를 맺을 수 있다. 그래서 나를 이해하고 능력을 이해하면 나의 역량을 키워나갈 수 있다.

'자기 이해'는 모든 일을 이루는 데 필요한 기초 작업이다. 집을 지을 때 기초공사 과정과 비슷하다. 기초공사가 부실하면 그 위에 많이 쌓을수록 더 빨리 무너진다. 성공한 많은 사람이 어느 한순간 무너지는 모습을 본다.

극단적인 선택을 하기도 한다. 자신을 이해하는 기초공사를 제대로 안하고 쌓아 올리기만 해서다. 그래서 기초공사는 중요한 만큼 많은 공을 들인다. 나를 이해하는 기초공사를 위해 어떤 노력을 하고 있는가? 이것을 위해 시간과 에너지와 노력을 들여도 아깝지 않다.

에니어그램을 통해 청소년이 자신의 정체감을 찾고 자신감을 회복할 수 있다. 나를 이해하면 타인을 이해할 수 있다. 타인을 올바로 이해하고 이 자신감을 기초로 좋은 인간관계를 맺어갈 수 있다. 그리하여 청소년이 공동체 의식을 회복하고 이웃과 사회에 이바지할 수 있다.

자신을 이해하는 여정은 평생에 걸친 긴 과정이다. 고맙게도 에니어그램이 긴 여정을 짧고 굵게 만들어준다. 나의 아름다움과 소중함을 새롭게 볼 수 있는 이 여행을 기대하는 마음으로 출발하자.

1부. 성격 이해하기

1 에니어그램이 궁금해요

●주　원: 안녕하세요!

●에니샘: 안녕! 주원아! 만나서 반가워.

●주　원: 반갑습니다! 저 궁금한 것이 있어요. 에니어그램이 뭐죠?

●에니샘: 그래. 내가 알려줄게. 에니어그램은 9가지 성격 유형 이야기란다. 에니어그램은 원과 아홉개의 점, 그리고 그 점들을 잇는 선으로 구성된 단순한 도형이지만 그 안에는 우주의 법칙과 인간 내면의 모든 것이 상징적으로 표현되어 있단다.

●주　원: 말이 조금 어렵긴 하지만 알고 보면 쉬울 수도 있죠.

●에니샘: 그래, 맞아. 에니어그램은 성격을 우선 3가지 힘 중심으로 설명해. 그리고 좀 더 세분해서 9가지 성격 유형으로 나눈다.

●주　원: 에니어그램은 사람의 성격에 관해 말하는군요.

●에니샘: 에니어그램은 본성의 약점과 강점을 보여준단다. 에니어그램이 좀 더 깊은 마음속의 원인과 동기를 설명 하지.

●주 원: 어떤 일을 하는 마음 속의 동기를 알 수 있겠네요. 본성이 뭐죠?

●에니샘: 본성은 자신 안에 가장 깊숙이 자리 잡고 처음부터 가지고 있는 성질이나 고유한 특성이야. 쉽게 말하면 타고나는 것이지. 그래서 자신의 본성이 끌리는 색깔도 있어. 빨간빛을 보면서 내 마음이 간절히 원한 색이라는 느낌으로 만족감의 미소를 짓지. 색깔뿐만이 아니라 취향이나 취미 등도 나의 본성이 원하는 것들이라고 할 수 있어, 내가 하고 싶은 일도 본성과 관련이 많아.

●주 원: 내가 좋아하는 음식도 본성이 원하는 거겠네요. 음악도요.

●에니샘: 그렇단다. 싱어게인 30호 가수 이승윤은 자기만의 영혼을 음악으로 보여 주고 있지. 가수 이승윤의 본성이 드러나는 음악이라고 할 수 있어. 나의 마음이 끌리는 일은 억지로 아니라 즐기면서 할 수 있지. 타고난 분야라고 볼 수 있어.

●주 원: 저도 저의 본성을 알고 내가 정말 원하는 것을 알고 싶어요.

●에니샘: 그래, 좋아. 에니어그램을 통해 자신과 타인을 돌아보고, 이해하는 시간을 가질 수 있어. 9가지 성격의 그림을 그릴 수 있단다. 아래에 에니어그램에 관해 설명을 더 할게.

에니어그램은 나를 비춰주는 거울이다. 거울을 보면서 눈곱도 떼고 뻗친 머리카락도 확인하고 정돈한다. 에니어그램은 평생동안 알 수 없는 마음으로 좌충우돌하면서 시행착오의 롤러코스터를 타는 것을 줄여준다. 그리고 나를 이해하는 객관적인 기준을 보면 좋다.

에니어그램에서 이해해야 할 가장 기본적인 4가지가 있다. 그 네 가지는 3가지 힘중심, 9가지 유형, 날개, 발달 수준이다. 에니어그램은 3가지 힘중심에 9가지 유형이 있다. 9가지 유형은 9가지 번호다. 각 번호는 자신의 번호 옆에 있는 날개의 영향을 받는다. 여기에 심리적인 성숙도를 알려주는 발달 수준을 알아야 한다.

🌳 성격을 알면 얻는 유익은 무엇일까?

성격은 개인이 가지고 있는 고유의 성질이나 품성을 말한다. 어떤 사물이나 현상의 본질이나 본성이기도 하다. 심리와 환경에 대하여 특정한 행동과 형태를 나타내고, 그것을 유지하고 발전시킨 개인의 독특한 심리적 체계이다 성격은 각 개인이 가진 남과 다른 자기만의 행동 양식으로, 선천적인 기질과 후천적인 영향에 의하여 형성된다.

첫째, 에니어그램을 통해 나를 바르게 볼 수 있다. 나를 바르게 보면서 타인과의 차이점을 알 수 있다. 자신의 정체감을 찾고 자신감을 회복한다. 자신이 무엇을 좋아하는지 어떤 사람인지를 통해 '나는 나'라는 정체성이 생긴다. 이 자신감을 기초로 타인을 올바로 이해하고 좋은 관계를 맺는다. 삐거덕거리는 관계의 어려 움을 해결할 실마리와 힌트를 얻게 된다. 나의 이해는 나에 대한 공감과 소통을 가져온다. 이 소통과 공감은 타인으로 확대된다.

둘째, 자기 이미지를 만든다. 자기 이미지는 내가 자신을 어떻게 보느냐에 관한 것이다. 자신에 대한 좋은 자아상을 가질 수 있다. 그리하여 자신에 대한 자부심이 생긴다. 있는 그대로의 자신을 알게 되면 자신을 더욱 긍정하게 되고 자랑스러워하게 된다.

셋째, 자아 성찰을 통해 자기 계발을 해 나갈 수 있다. 자신의 현재 모습을 돌아볼 수 있게 된다. 일상생활에서 자신의 감정이나 행동을 스스로 관찰하고 돌아보게 된다. '내가 왜 그랬을까?' 돌아보고 그 이유를 생각할 수 있는 안목이 생긴다. 이를 통해 올바른 가치관을 형성할 수 있다. 가치관은 무엇을 중요하게 생각하느냐는 것이다. 그래서 어떤 일이든 균형감각을 유지할 수 있다.

넷째, 공감과 소통의 능력이 생긴다. 나를 이해하면 다른 사람에 대한 이해의 폭이 넓어진다. 인간관계가 좀 더 부드러워질 수 있다. 자신의 행동을 돌아보면서 이해되지 않았던 부모님과 친구들의 행동이 이해된다.

다섯째, 자신의 성격 속에 있는 특질을 역량으로 키워나갈 수 있다. 특질은 상대적으로 지속적인 신체적, 인지적, 사회 심리적 특성인데 에니어그램을 통해 어느 정도 알 수 있다. 자기 생각, 감정, 행동의 패턴을 볼 수 있기 때문이다.

▶ 에니어그램을 통해서 나에 대해 알고 싶은 것은 무엇인가요?

▶ 나는 어떤 변화를 기대하나요?

🍂 마음 가꾸기

추석에 집에 내려왔다. 부모님이 연세가 점점 많아지시면서 뒤처리를 해야 하는 일이 종종 생긴다. 가마솥이 밖에 있는데 주위에 비닐봉지와 쓰레기가 널브러져 있었다. 명절마다 이렇게 지저분했던 것은 아니었다. 눈에 보일 정도는 아버지가 내다 버리셨는데 이번 명절에는 겉으로 봐도 너무 지저분했다.

처음에는 불에 안 타는 비닐봉지를 주워서 담으려고 손을 대기 시작했다. 쓰레기를 치울수록 엄청난 작업이었다. 막상 쓰레기를 치우려니까 겉으로는 보이지 않던 쓰레기까지 속에서 줄줄이 나왔다. 내가 싫어하는 지렁이까지 나타나서 깜짝 놀랐다. 수십년 된 듯한 오래 묵은 쓰레기가 들출수록 계속 튀어나왔다. 화장품 병, 우유 통, 식용유병, 커피 봉투, 낡은 플라스틱 바구니 등. 일일이 종류를 열거하기 어려울 정도로 오래 묵은 것들이 안쪽에 이리저리 쌓여 있었다. 그때그때 버리지 않은 낡은 프라이팬, 깨진 바가지, 그릇도 여기저기 박혀 있었다. 마치 겹겹이 쌓인 마음의 때를 계속 확인하는 느낌이었다.

쓰레기 더미 옆에 있었더니 옷에서 악취가 났다. 잘 정돈된 방과 너무 대조적이었다. 외모는 깔끔하고 예쁘지만, 정리 안 된 채로 엉클어져 있는 마음의 쓰레기가 떠올랐다. 오래 묵은 쓰레기를 구분해서 자루에 담아 정리하면서 '마음속에 쓰레기가 가득 차 있으면 어떻게 될까?' 하는 생각이 들었다. 그러면서 팔순 노인도 아닌 10대들이 아이스크림 봉투를 길바닥에 마구 버리는 모습이 떠올랐다.

자신이 먹은 쓰레기 하나를 책임지고 처리를 못 하는데 인생을 어떻게 주도하고 경영할지 아찔하다. 이런 행동이 나오는 것은 마음속의 쓰레기 때문인것 같다. 마음속의 쓰레기란 삶의 여러 가지가 제자리에 정리 정돈이 안되어 있는 것을 말한다. 시간 관리가 안 되고 자기 관리를 못 할 때 마음이 온갖 잡동사니로 가득 차서 어지러운 상태다. 무엇을 어떻게 할지 방향성을 상실한 상태다. 마음이 정리되면 자기 관리는 저절로 따라온다.

10대들에게 국·영·수 성적을 논하기 전에 마음 관리를 가르쳐야 하지 않을까. 생존을 위한 가장 기본적인 생활 경영이 안되니 말이다. 이래서 평생 먹고살 생존을 위한 사회생활을 어떻게 하려고 할까.

쓰레기는 마치 마음의 쓴 뿌리를 연상케 한다. 겉모습은 말쑥하게 차려입어서 별 탈이 없어 보인다. 그러나 해결되지 않은 마음속의 상처는 악취를 풍기면서 생활 속에서 악순환의 영향을 미칠 수 있다.

외모를 꾸미기 위해서 시간과 돈, 에너지를 투자하듯이 마음의 정원도 가꾸어야 한다. 마음의 정원이 황폐해지면 한꺼번에 잡기가 힘들다. 마음을 방치하면 어느 틈엔가 걷잡을 수 없을 정도로 잡초가 자라버릴 수 있다. 모든 사람이 꺼리고 오지 않는 괴물이 되지 않으란 법이 없다.

나는 마음을 가꾸기 위해 상담과 에니어그램, DISC 등을 공부했다. 상처가 있어서 개인 상담도 받았다. 기독교 신앙을 가지고 신에게 나의 고통과 아픔을 기도하면서 마음에 힘을 얻었다. 짧지 않은 인생의 여정 가운데서 마음 관리를 하면서 쓰레기를 치우고 정리하는 작업을 꾸준히 해왔다. 이만큼 마음의 평안을 누리면서 사는 것은 이러한 노력 덕분인 것 같다.

🌳 나 수용하기

나의 있는 모습 이대로를 받아들이기 힘들어하는 학생들이 있다. 아마도 나의 못난 모습을 감싸 안기가 힘들기 때문이리라. 성격을 아는 만큼 성격 고민에서 벗어나고 자유로움을 누릴 수 있다. 나를 이해해야 정체감을 가질 수 있다. 성격 이해가 곧 치료 작용을 해서 자존감이 높아진다.

에니어그램에서는 내 안의 본성이 말해주는 강점과 약점을 동시에 볼 수 있다. 나도 몰랐던 진짜 나의 모습을 발견할 수 있다. 에니어그램이 몇 시간의 여행으로 영혼의 지도를 보여 준다.

에니어그램은 청소년의 좋은 멘토이다. 에니어그램을 쉽게 설명하면 단어의 사전 찾기와 비슷하다. 사전에 단어의 뜻이 설명되어 있어서 그 뜻을 적용하면 된다. 마찬가지로 에니어그램도 성격에 관한 내용을 확인하고 적용하기만 하면 된다. 일부러 평생 인간 성격을 연구할 필요가 없다.

에니어그램을 통해서 미처 알지 못했던 '나'를 찾게 되고 발견할 수 있다. 내 안에 잠재력과 위대함이 있다. 나를 바라보는 새로운 '관점'이 생긴다. 그리고 내가 어떤 생각과 감정과 행동의 패턴으로 살고 있는지 짐작할 수 있다. 결국 '나답게 사는 것의 시작은 바로 자기만의 고유한 성격을 아는 것에서부터 출발한다.

2 에너지 중심 3가지

에니어그램은 3가지 다른 힘 중심이 있다. 힘은 에너지로 표현할 수 있다. 에니어그램에서 3가지 힘 중심의 균형은 지덕체 균형과 거의 비슷하다. 지덕체 균형은 우리나라 교육이 지향하는 목표다. 그만큼 지덕체의 조화를 통해 균형 잡힌 인격이 중요하다는 말이다. 지는 머리형, 덕은 가슴형, 체는 장형이다. 우리 안에 이 세 가지의 균형이 이루어져야 비로소 온전한 인격으로 회복될 수 있다. 그런데도 각 사람은 3가지 힘 중심 중에서 한 가지에 더 집중한다. 사람마다 자신의 힘 중심이 다르다. 그리하여 자신의 힘 중심이 주는 특성을 가지고 태어난다.

3가지 힘 중심은 3가지 다른 에너지 분배를 말한다. 신체 중에 에너지가 몰리는 위치가 다르다는 말이다. 장형은 장, 배, 하복부에 힘의 중심이 있고 행동형이다. 가슴형은 심장 쪽에 힘의 중심이 있는 감정형이다. 머리형은 머리의 뇌 쪽에 힘의 중심이 있는 생각형이다. 3가지는 서로 다른 특성이 있다. 나와 다른 두 가지 세계가 있다. 내가 살고 있는 하나의 세계를 먼저 찾는다. 나는 에너지를 어디에 몰아서 사용하고 있을까?

에니어그램 3가지 힘 중심

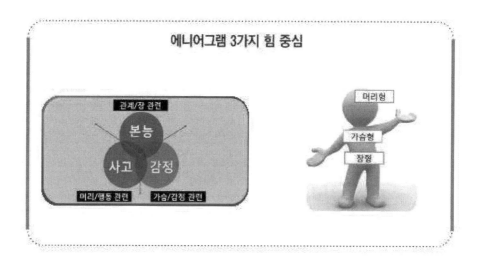

3가지 힘중심 장형, 머리형, 가슴형 중 나는 어디일까?

◎ 힘 중심 찾는 법

3가지 힘 중심유형을 볼 때 직관적으로 '이게 나야'라고 느낌이 오는 쪽이 나의 유형일 가능성이 크다. 나를 이해한다는 것은 3가지 힘의 중심 유형 중 어디인지를 안다는 것이다. 그다음으로 9가지 유형 중 나의 유형을 추측한다 여기서 순서가 중요하다. 3가지 힘 중심을 먼저 찾고 9가지 유형을 찾아야 한다. 장형, 가슴형, 머리형 중 내가 속하는 그룹을 먼저 찾으면 50%는 찾았다. 내가 장형이면 장형 3개의 번호 중 하나가 나의 유형이다. 3가지 힘 중심 설명 중 본인에게 해당하는 부분에 밑줄을 쳐라. 본인의 유형일수록 더 많은 밑줄이 쳐져 있다. 마음을 움직이는 말들이 많은 곳이 자신의 유형이다.

♣ 장형(배중심, 장중심의 사람들, 힘의 리더, 행동형)

별명은 대항하는 사람들과 마침표의 사람들이다. 하복부와 소화기 계통이 발달했다 무게 중심이 하복부(위, 식도, 창자)에 있다. 본능과 습관을 관장하는 근뇌가 발달하여 본능과 습관에 따라 움직인다. 힘이 중요하다. 세상은 전쟁터다. 자기중심적인 경향이 있고, 적대적이며 독단적이다. 남에 의해 좌우되는 것을 싫어한다. 독립성이 있고, 용감하다. 주관심사는 자신의 의지와 힘이다. 현재에 관심이 있다. 지배욕이 있고 지도와 리더를 하고 싶어 한다. 정이 많다. 진행 중인 일을 신속하고 정확하게 파악한다 현실을 조정하고 통제하는 일에 능하다. 객관적이고 원칙에 따라 결정한다. 당연과 의무, 진리와 거짓에 관심이 있다. 생존 관련한 것에 신경을 쓴다. 자신의 존재에 관심이 많다.

힘과 정의로움, 옳은가?를 생각한다. 환경에 저항하거나 통제하려 한다. 청각과 후각이 발달했다. 핵심 감정은 분노이다. 분노를 억압한다. 뜻대로 되지 않을 때 분노한다. 분노의 노예가 되지 않기 위해서는 분노를 폭발만 하지 말고 들여다볼 필요가 있다. 우선 움직이면서 행동부터 하는 경향이 높다 잘 싸운다. 독특한 사랑의 방식으로 싸우면서 친해진다. 인격화된 사랑으로 전환이 필요하다. 직설적이고 화를 내는 듯한 말투와 행동이 과격해 보일 수도 있다. 단도직입적이고 명령적이다. 우락부락하고 광대뼈가 있다. 담력이 있고 폭식과 폭음을 한다.

장형에서 밑줄 친 내용이 총 몇 개인가?
그중에서 공감하고 느낌이 온 부분은 무엇인가?

어떤 상황에서 이런 경험을 했는지 에피소드를 적어보세요.

♣ 가슴형(가슴중심, 심장중심의 사람들, 관계의 리더, 감정형)

별명은 '위하는 사람들'과 '느낌표의 사람들'이다. 핵심 감정은 수치심이다. 내부에 수치심과 불안이 도사리고 있어서 사람, 취미, 명예 같은 것에 몰두하는 경향이 있다. 인간관계에서 수치심이 많다. 권위와 이미지, 체면 등을 중요시한다. 진짜 자신의 모습은 보이는 것과 다른 경우가 많아 허탈한 때도 있다. 분위기와 상황 파악에 직관적이다. 두 가지 중요한 과제는 나는 누구인가? 에 대한 정체성 확인과 내가 원하는 방식으로 사랑해 주지 않기 때문에 당신을 미워한다는 것이다. 즉, 자신의 정체성을 인정받지 못하게 될 때 적대감을 느끼고 반응한다. '저 사람이 나를 좋아할까, 싫어할까'에 관심이 많다. 관계된 사람과 영향받는 사람이 누구냐에 따라서 결정한다.

자아가 중요하다. 상징과 의식에 끌리며, 과거에 대한 관심이 많다. 회상을 많이 한다. 봉사와 서비스직을 선호한다. 타인과의 관계가 중요하고 타인들을 위해 존재한다. 상황 파악 도구는 인간을 존중하고 타인과의 관계를 먼저 생각한다. 감정적인 대응을 하고 주변 상황 설명이 길다. 인간을 좋아한다. 집착하거나 의존하려는 경향이 있다. 로맨스와 애욕이 있다. 촉각과 미각이 발달했다.

겉과 속의 차이가 크다. 감정이 풍부하고 다른 사람들을 위하고 배려하는 경향이 높다. 과거의 추억과 기억을 서로 이야기하는 것을 좋아한다. 그럴 땐 이야기를 들어준다. 남의 주위와 인정을 받는 것이 중요하다. 다른 사람이 나를 어떻게 대하는가가 중요하다. 동그란 계란형이고 매력적인 미소와 용모가 있고 따뜻하다. 혼자만의 시간이 필요하다.

가슴형에서 밑줄 친 내용이 총 몇 개인가?
그중에서 공감하고 느낌이 온 부분은 무엇인가?
어떤 상황에서 이런 경험을 했는지 에피소드를 적어보세요.

♣ 머리형(머리 중심의 사람들, 생각형, 이성형, 사고형, 비전의 리더)

별명은 피하는 사람들과 물음표의 사람들이다. 뇌, 대뇌피질이 발달했다. 사고와 사유, 타당성, 논리와 판단, 에너지의 중심을 사고에 두는 심사숙고형이다. 상황을 분석, 생각한 다음에 자신의 위치를 정한다. 핵심 감정은 불안, 두려움, 공포인데 안전에 대해 안정을 추구한다. 주 관심사는 객관적 이치와 논리에 맞는 것을 알아내는 것이다.

머리형은 의미와 신념들, 전략을 중요시한다, 미래에 관해 관심이 있다. 전반적인 상황을 파악하고 계획을 세운다. 상황을 파악하는 도구는 관찰, 대조, 분석, 비교 등의 사고 과정이다. 논리적이고 사고적이며 시각이 강하다. 연구직을 선호한다. 신뢰를 통한 명예욕이 있다. 명쾌한 논리를 중요시하는 경향이 있다. 간단명료한 것을 선호한다.

대화할 때 핵심만 간단하게 사실만 말하는 경향이 있다. 칭찬할 때도 구체적으로 어떤 점을 잘했는지 본인 스스로 인정하는 내용에 대해 과장 없이 해주는 것이 좋다. 체구는 가늘고 작은 편이다, 다른 사람에게 자기 생각을 말한다. 타인에게 자신을 오픈할 필요가 있다. 혼자 가지 말고 공동체와 함께 가야 한다.

머리형에서 밑줄 친 내용이 총 몇 개인가?
그중에서 공감하고 느낌이 온 부분은 무엇인가?

어떤 상황에서 이런 경험을 했는지 에피소드를 적어보세요.

➔ 나의 유형에 동그라미를 해 보세요.

장형	가슴형	머리형

에니어그램 힘 중심 그룹 활동 질문

급한 상황에 닥치면 어떻게 대처하나요?

불이 났을 때 어떻게 하나요?

우리 팀의 상징물(캐릭터)

우리 팀의 장단점

무인도에 가게 된다면?

100억이 생긴다면?

여행 계획 세우기

팀명: 여행지: 여행 일정:

경비 및 준비물:

우리 팀의 장단점:

같이 가고 싶은 사람:

같이 가면 안 되는 사람:

에니어그램 그룹 활동

참여인원 : 10~30명

준비물 : 2절지, 매직(검정, 빨강, 파랑)

방법 :

(1) 같은 힘 중심 유형끼리 모여서 조를 만든다.

　(한 그룹의 숫자가 많으면 두 개 그룹으로 나눈다)

(2) 활동 질문을 미리 1~2개 정도를 정해서 알려준다.

(3) 활동 질문에 대해 조별끼리 나누고 정리해서 2절지에 적는다.

(4) 순서를 정하고 앞으로 나와서 조별로 발표한다.

(5) 한 명이 발표하고 한 명은 종이를 잡아준다.

(6) 그룹별로 각자가 활동하고 남는 것에 대해 나눈다.

강점 1분 스피치 3단계 방법(A-B-A')

먼저, 인사를 하고 이름을 말한다.

A 나의 강점 한 가지를 강조한다.

　(나의 성격유형특성에 나오는 강점 중에 한 가지를 정한다.)

B 나의 강점을 뒷받침할 에피소드(예화)를 한 개만 설명한다.

A' 나의 강점을 다시 강조해서 마무리한다.

　(강점으로 해보고 싶은 소망, 각오, 기대와 포부, 다짐 등)

강점 1분 스피치-예시

안녕하세요. 저는 '멋쟁이' ○○○입니다.

A 저의 강점은 친절하다는 것입니다.

B 할아버지 한 분이 지하철 9호선에서 3호선 환승역을 찾아달라고 저에게 부탁을 하셨습니다. 3호선 표지를 찾지 못해서 그 방향까지 같이 갔습니다. 할아버지께서 고맙다고 하셔서 보람을 느꼈습니다.

A' 앞으로도 친절한 저의 강점을 살려서 어르신들의 길을 잘 안내해드리고 싶습니다.

나의 강점 소개하기

안녕하세요. 저는　○○○입니다.

3 아홉 가지 성격유형

앞에서도 설명했듯이 나의 번호를 찾기 위해서는 3가지 힘 중심을 먼저 찾는다. 힘 중 심별로 3개의 번호가 있다. 힘 중심 번호 안에서 나의 번호를 찾는다. 3가지 힘 중심의 차이에서 먼저 나의 특성을 찾아야 한다. 번호부터 찾아가면 자신의 정확한 번호를 찾 았다고 보기가 어렵다. 9가지 번호로 먼저 들어가면 더 복잡하고 헷갈린다.

사실 머리형이 가슴형의 3가지 번호 중 하나일 리는 없다. 단지 자신이 그 번호의 특성이 좋아 보여서 그 번호라고 착각할 확률이 높다. 번호별 특성을 먼저 표시하면 몇 개가 더 나올 확률이 높다. 번호별 유형 리스트 중 몇 개를 표시했는지 확인하는것은 별 의미가 없다.

내가 장형이라면 8번, 9번, 1번 중의 하나가 나의 번호다. 내가 가슴형이라면 2번, 3번, 4번 중의 하나가 나의 번호다. 내가 머리형이라면 5번, 6번, 7번 중의 하나가 나의 번호다.

에니어그램의 번호를 찾는 방법은 핵심 동기에 있다. 나를 움직이는 내면의 핵심 동기가 무엇인지 안다면 나의 번호를 찾을 수 있다.

▶번호별 핵심 동기(나는 무엇에 집착하는가?)

1번 완전-완전하기 위해 행동한다.

2번 봉사-봉사하기 위해 행동한다.

3번 성공과 성취-성공과 성취를 위해 행동한다.

4번 특별함-특별하기 위해 행동한다.

5번 지식이해-지식이해를 위해 행동한다.

6번 안전-안전을 위해 행동한다.

7번 즐거움-즐거움을 위해 행동한다.

8번 강함-강함을 위해 행동한다.

9번 평화-평화를 위해 행동한다.

에니어그램의 번호를 제대로 찾기 위한 다른 방법은 내가 무엇을 회피하고 싶은지를 아는 데 있다.

▶ 번호별 회피

1번 분노, 이중성, 부정직

2번 자기 욕구

3번 실패

4번 평범

5번 공허

6번 일탈

7번 모든 고통

8번 약함

9번 갈등

▶번호별 방어기제

1번 자기부인, 부정, 합리화

2번 애정강요, 감정억압, 욕구표현

3번 대리성취, 동일시

4번 인위적 승화, 감정이입

5번 거리두기, 후퇴

6번 투사, 책임전가

7번 합리화(고통 보지 않으려고)

8번 (상황)부정 부인, 안돼

9번 혼수상태

➜ 나의 유형에 동그라미를 해 보세요.

장형	가슴형	머리형

▶장형의 3가지 성격 유형

8번-도전전문가(호랑이)   9번-화합전문가(코끼리)   1번-개혁전문가(황소)

▶ 가슴형 3가지 성격 유형

2번-협력전문가(강아지)   3번-성취전문가(독수리)   4번-창조전문가(고양이)

▶ 머리형 3가지 성격 유형

5번-탐구전문가(부엉이)   6번-헌신전문가(사슴)   7번-열정전문가(원숭이)

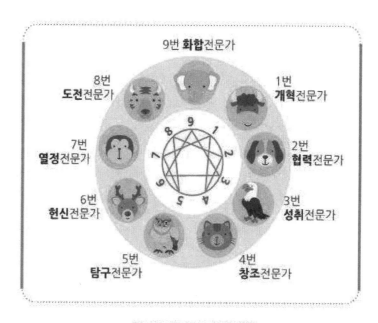

에니어그램 9가지 성격 유형

나의 유형 번호 찾기

이제부터 각 번호의 내용을 읽으면서 자신에게 해당하는 부분에 밑줄을 치거나 동그라미를 하세요. 밑줄과 동그라미가 많은 번호가 나의 번호입니다.

➡ 8번 호랑이 / 강하면서 뜨거운 동정심을 갖는 사람이 되기 위하여

광수는 운동을 아주 좋아한다. 몸으로 하는 일이라면 자신이 있다. 체격도 우람하다. 싸움도 잘한다. 싸울 때는 절대 지려고 않는다. 하루는 광수의 절친인 우철이가 반 친구들 몇 명에게 둘러싸여 있었다. 그중에 한 명이 우철에게 말하는 소리가 들렸다. "너 한 번만 더 그러면 혼날 줄 알아."
광수는 즉시 우철이에게 겁을 준 학생에게 주먹을 날려 버렸다. 엎치락뒤
치락 싸움이 일어났고 선생님이 도착해서야 싸움은 끝이 났다. 광수는 "전
잘 못한 게 없어요. 우철이를 괴롭혀서 도와준 것뿐이라고요."라고 소리를
질렀다.

 광수의 말: "전 누구에게나 강한 모습만 보이고 싶어요. 그래서 힘을 길러
요. 싸움에 지는 건 싫어요. 부하 말고 대장이 되고 싶어요. 제가 소리도
크고 힘도 세다고 호랑이 같다고 해요. 하지만 마음 깊은 곳에는 부드러움
이 있답니다. 고집 세다고 저를 외면하면 저도 외로워요. 저를 좀 리더로
세워주세요. 그러면 저의 날카로운 발톱도 감출 수 있는 기분이 된답니다."

• 8번 도전 전문가, 리더, 지도자

 남의 말을 듣는 것 힘들어한다. 자기가 최고라고 생각한다. 다혈질이고 화
를 잘 낸다. 정의와 진리를 부르짖는다. 직선적이다. 먹는 것, 노는 것, 말
하는 것이 과다하다. 보스기질이 있다. 논쟁을 좋아하고 싸움을 즐긴다. 타
인을 부족한 존재로 평가하고 지배하려 한다.

 윤리적 이중 잣대가 있다. 자기모순 보기와 자기 약함 인정하기가 필요
하다. 숨겨진 에너지는 순수함과 부드러움이다.

 8번 유형은 '나는 강하다.'라는 자기 이미지가 있다. 8번의 본성이 갖는
이미지에 어쩔 수 없이 집착한다. 8번은 강함에 집착한다. 자신의 약함을
드러내 보이기 싫어한다. 약한 모습을 부정하고 부인한다.

• 중요 단어

자기 만족감, 단호함, 강함, 진실함, 정열적, 현실적, 비전, 분명한 의사전
달, 자기희생적 사랑, 자기주장, 무감각, 과도함, 옹고집, 문자적, 차가움,
독립적, 영웅적, 자신감, 진취적, 다혈질적인, 의지력이 강한, 지도력, 결단
력

➡9번 코끼리/ 편하게 수용하면서 부지런히 활동하는 사람이 되기 위하여

태현이는 학교에 수시로 지각한다. 그리고 수업 시간에는 꾸벅꾸벅 존다. 어느 날은 책상에 엎드려 있었다.

선생님이 태현이에게 물어 보셨다. "태현아, 밤에 잠을 많이 못 잤니? 무슨 일이 있는 거니?"

"그게요. 글쎄요. 잘 모르겠어요." 태현이는 대답을 잘 못 한다.

"얘, 이거 네가 맡아서 할래? 네 의견은 어떠니? 네 분량이 많은 것 같긴 해." 친구들이 태현이에게 물었다.

"응...몰라. 괜찮아..."

그래서 친구들은 그냥 태현이에게 그 일을 맡겼다. 그렇지만 태현이는 그 과제를 다 끝내지 못하고 만다.

태현이의 말: "저는 갈등을 싫어해요. 그래서 싸우기 싫어서 제가 과제를 다 맡았어요. 제힘에 부치는 일이라도 말을 못 했죠. 제가 의사 표현을 정확히 못해도 이해를 해 주세요. 조금 더 물어보면 그때는 대답을 할 수도 있답니다. 사랑스러운 눈길로 봐주시고 제가 졸지 않고 열심히 공부할 때는 칭찬을 부탁해요. 그래야 마음이 평안해지고 또 공부하고 싶어집니다."

● 9번 화합전문가, 평화주의자, 중재자, 평화를 만드는 사람

평화를 만든다. 잘난 체하지 않고 겸손하다. 시간관념이 없다. 수용적으로 남을 지지하고 위안을 준다. 결정하는 것을 두려워한다. 남의 결정을 잘 따라가지만, 내면의 고집이 있어서 겉만 따라간다. 책임을 회피한다. 중요한 일을 귀찮아서 회피하거나 미룬다. 뭐가 중요한지 모른다. 우선순위가 없다. 스트레스가 오면 숨고, 회피하고, 수면 상태가 된다.

게으르게 있던 모습에서 자신의 발전을 위해서 꼭 해야 하는 올바른 행동을 하는 것을 배우고, 자신 안에 분노가 있는지조차 모르던 모습에서 분노를 보고 표현하는 것을 배워야 한다.

9번 유형은 '나는 만족한다.'라는 자기 이미지가 있다. 9번의 본성이 갖는 이미지에 어쩔 수 없이 집착한다. 9번은 평화에 집착한다. 평화가 깨지는 것이 싫어서 갈등을 피한다. 그리고 수면이나 혼수상태에 빠져든다.

● 중요 단어

붙임성 있음, 동요하지 않음, 허세 부리지 않음, 자원이 풍부함, 관대함, 신사적, 친절, 인내, 외교적, 조화, 무비판적, 편견 없음, 소극적 공격, 편안한, 평화로운, 침착 한, 여유가 많은, 무심한, 참을성이 많은, 온순한

➡1번 황소 / 언제나 완벽한 사람이 되기 위하여

영수는 학생들이 다 떠난 교실에 남아서 열심히 뭔가를 하고 있다. 반 선생님이 들어 오셨다.

"어머, 지금 뭐 하고 있니?"

"수행평가 과제를 마무리하고 있어요. 사실은 아까 끝냈는데 계속 다시 확인하면서 수정하고 있어요. 벌써 몇 번째인지 모르겠어요."

"그렇구나, 그만하면 평소의 네 실력을 봐서 완벽할 것 같은데. 어서 집으로 가야지." "전 제가 마음에 들어야 끝낼 수 있어요. 선생님, 시간을 조금만 더 주세요. 부탁드립니다."

"그래, 네가 정 그렇다면 그러렴. 이런 일이 처음 있는 일도 아니지."

영수의 말: "완벽하게 일을 처리하고 싶은 저의 욕망을 인정해주세요. 뭔가가 비뚤하거나 정돈되어 있지 않은 것도 화가 나요. 보기 좋고 잘 정돈되어 있어야 속이 시원해요."

● 1번 도전 전문가, 완벽주의자, 개혁가

도덕적이며 완벽을 추구하고 원칙을 강조한다. 과도한 비판 정신으로 끊임없이 주변을 고치려고 한다. 독선과 분노와 짜증이 있다. '내가 해야 한다'는 생각의 지나친 책임감과 의무감에 눌려있다. 가르치는 것을 좋아한다.

근검절약하고 정리 정돈을 해야 편안하다. 정직하고 공정하며 타인들을 격려하여 더 성장하도록 자극한다.

즐겁게 놀기와 자유롭게 웃기가 필요하다. 분노를 인식하고 비판하지 않도록 해야 한다. 가족에게 탓을 돌리지 말고, 감정을 인정하라. 주변에 '화가 났다. 어려움에 빠졌다'라고 알려라.

1번 유형은 '나는 올바르다'는 자기 이미지가 있다. 1번의 본성이 갖는 이미지에 어쩔수 없이 집착한다. 1번은 올바름과 완전에 집착한다. 올바름과 완전이 깨질 때 분노하고 자기를 부인한다. 자신이 완벽하지 않음을 인정하는 것이 너무 어렵다.

● 중요 단어

헌신적, 윤리적, 열심히 삶, 믿음직스러움, 현실적, 양심적, 자제력, 책임, 정직, 비판적, 정당성, 규칙적, 자기 목적 추구, 진지함, 체계적, 엄격함, 객관적, 양심적, 완벽 함, 원칙적, 높은 성취, 철저함

➡ 2번 강아지 / 잘 주고 도우며 겸손한 사람이 되기 위하여

미진이의 가방에는 친구들이 필요하다고 말하면 즉시 도와줄 잡다한 것들이 들어있다. 친구들을 위한 여분의 풀과 자까지 챙겨 다닌다.

미진이는 반에서 부반장이다. 반장 예원이는 부반장 미진이에게 "이것도 좀 도와줘. 그 일 끝나면 저것도 해줄 수 있니?" 하고 말한다. 미진이는 그럴 때마다 "내가 할게. 도와줄게." 하면서 거절을 못 한다. 다른 친구가 부탁한 과제도 있어서 해야 할 일이 많았는데 말이다. 미진이는 집에 돌아와서 중얼거린다. '왜 난 번번이 못 한다는 말을 못 하고 다 예스라고만 하지.'

미진이의 말: "제가 거절을 잘 못하니 너무 많이 자주 부탁하지 마세요. 저도 이 일 저 일 도와주느라 제 과제 할 시간도 없답니다. 이러다가 폭발하면 저도 무서워져요. 나도 감정이 있답니다. 저의 불편한 감정도 좀 헤아

려 주세요."

• 2번 협력전문가, 돕는 자, 사랑이 많은 자

자신이 가진 재능, 건강, 돈 모두를 남을 도와줌으로써 가치를 느낀다. 남의 도움 요청을 거절하지 못한다. 정서적으로 예민해서 남의 내면을 잘 안다. 잘 울고 관계를 잘 형성한다. 친절한 사람이다.

혼자 있는 것을 어려워하는데 혼자 있는 것을 배워야 한다. "아니요", "안돼" 하는 의사 표현을 하라.

2번 유형은 '나는 돕는다.'는 자기 이미지가 있다. 2번의 본성이 갖는 이미지에 어쩔 수 없이 집착한다. 2번은 돕는 것에 집착한다. 남에게 봉사하면서 자기 욕구를 채운다. 도움을 거절당할 때 애정을 강요하기도 하고 꺾인 자신의 감정을 억압한다. 끊임 없이 타인의 필요에 자신의 관심이 집중된 모습을 알아채야 한다.

• 중요 단어

지지, 양육, 관대함, 사려 깊음, 친절, 남을 인정, 공감, 돌봄, 민주적, 희생적, 이야기를 좋아함, 외교적, 소유욕, 기회주의, 조종, 아첨, 충고자, 사교적인, 친절한, 친숙함, 대화, 친밀감, 사려 깊음, 타인 배려, 따뜻함, 관심

➡3번 독수리 /성공을 향하여 능률을 올리고 신실한 사람이 되기 위하여

경호에게 친구로부터 전화가 왔다.

"놀러 가자. 나 지금 게임만 했더니 머리도 아프고 심심해."

"정신 차려. 시험이 코앞인데 말이 되니? 나 이번에 1등 않으면 안돼. 나는 이틀간 밤을 새웠다고."

"머리를 잠깐 식히고 하면 능률이 두 배가 된다는 거 모르니? 그러다가 머리가 터지면 어떡할래!"

"내가 저번에 1점 차이로 2등을 한 거 알지. 내가 1등을 못해서 밥맛도 없고 잠도 안왔어. 이번에 놓치면 정말 안 돼. 1등을 꼭 하고야 말거야."

경호의 말: "저는 1등을 하는 것이 중요해요. 어떻게 해서든지 1등을 하고 싶어요. 1등을 하면 선생님이 자리에서 일어나라고 해서 잘했다고 칭찬을 해 주시면 날아갈 것 같아요. 엄마도 1등을 하면 선물을 주세요. 사람들은 내가 1등을 해야 나를 사랑해 주는 것 같고 존재감도 생긴답니다."

● 3번 성공주의자, 성취전문가, 동기부여자, 리더십

유연하고 적응을 잘한다. 지략이 풍부하고 창조적인 사람들이다. 타인에게 최선을 다하도록 격려하며 팀의 사기를 잘 북돋운다. 일을 추진력 있게 효율적으로 잘 해내서 남들이 부러워한다. 사교적이고 자신감이 넘치며 활동적이다.

인간의 가치는 자신이 이룬 업적에 따라 달라지는 것이 아니라 존재 자체로 그 가치를 가진다는 사실을 잊지 마라. 실패를 인정하라. 실패를 받아들인다는 것은 나에게 부족함이 있다는 겸손한 표현이며, 그럴 때 실패는 성공을 위한 디딤돌이 된다.

3번 유형은 '나는 성공적이다.'라는 자기 이미지가 있다. 3번의 본성이 갖는 이미지에 어쩔수 없이 집착한다. 3번은 성공에 집착한다. 실패를 회피하기 위해 타인의 성공을 통해 대리성취감을 얻는다. 실패했다고 인생의 낙오자는 아니다. 실패는 성공으로 가는 길이다. 결과만큼 과정도 중요함을 깨달아야 한다.

● 중요 단어

조직적, 낙천적, 자기 확신, 효율적, 생산적, 융화력, 추진력, 일의 완성, 열정적, 단호함, 좋은 의사소통, 잘 적응, 계산적, 기회주의적, 기만적, 자신감, 효율적인, 좋은 인상, 최선, 인정, 적응력, 자기 계발, 이미지 중시

➡4번 고양이 / 예술 감각이 뛰어나면서 침착한 사람이 되기 위하여

수미는 수업 시간에 갑자기 친구들이 자신을 두고 떡볶이를 먹으러 간 기억이 떠올라서 울적한 생각에 잠긴다. 그래서 나오려는 눈물을 꾹 참다가 쉬는 시간에 울었다. 짝은 수미에게 "왜 우니?" 했지만 수미는 머뭇거리면서 말을 잇지를 못했다.

그다음 시간이 미술 시간이었다. '미래 나의 모습 그리기'를 하였다. 선생님은 수미가 그린 그림과 색깔을 보면서 "오, 너무 독특해. 피카소 같아."라고 하셨다. 친구들도 수미의 그림을 보면서 한마디씩 했다. "이건 이해할수 없어. 색깔이 환상적이다"

수미는 친구들과 약속이 있는 어떤 날은 헤드셋을 하고 나름 옷을 차려입고 갔는데 친구들이 의아하다는 듯이 쳐다보는 경우가 있었다.

수미가 하고 싶은 말: "저를 너무 특별한 사람 취급하지 마세요. 저도 어울려서 수다 를 같이 떨고 싶어요. 저의 취향은 이대로 존중해 주세요. 그리고 제 감정에 공감해 주면 좋겠습니다. '왜 그러니? "보다는 '지금 감정이 어때? 무슨 일 때문에 그러니? 그럴 수 있지. 그렇겠네.' 하는 공감의 말이 필요하 답니다."

● 4번 창조전문가, 예술인, 낭만주의자. 개인주의자

뭘 말해도 그런 사람이 아니라고 한다. 4번에 묶이고 싶지 않다. 아름다움과 조화로움을 추구한다. 강제적인 것을 싫어한다. 감정 기복이 심하다. 밝을 때도 우울을 깔고 있다. 우울을 즐긴다. 다른 사람의 내면 안에 있는 깊고 섬세한 감정과 교류할수 있어 훌륭한 상담자가 될 수 있다. 우아하고 신비스러운 면을 가지고 있다. 스타일에 대한 감각이 남다르고 연출도 뛰어나다. 창조적이고 평범한 것을 거부한다.

상처에 매여 있다. 과거의 집착에서 벗어나 현실 생활에 충실해야 한다. 감사 하기가 필요하다. 감사 할 수 없는 것은 남의 장점들이 다 부러워서이다.

4번 유형은 '나는 남다르다.' 라는 자기 이미지가 있다. 4번의 본성이 갖는 이미지에 어쩔 수 없이 집착한다. 4번은 특별함에 집착한다. 옷 하나를 골라도 색깔이나 디자인이 독특하다. 빨강 바지를 입으면서 본성의 욕구가 채워짐을 느낀다. 모든 평범을 피하면서 감정이입으로 만족을 얻는다.

● 중요 단어

매력적, 통찰력, 예술적, 인간관계, 진실성, 공감, 정확한 가르침, 분명한 사고, 타고난 상담사, 독창적, 지각적 예민성, 비만, 극적, 과대분석, 외로움, 창조적인, 감정변화가 심한, 예민한, 독특한, 감수성이 풍부한, 예술적인, 창의적인

➡5번 부엉이/ 생각이 많으면서도 초연하게 행동하는 사람이 되기 위하여

성민이는 점심시간에 운동장에 나가서 놀지 않고 책을 본다. 집에서도 방에 박혀서 독서를 할 때가 많다. 성민이의 엄마가 말했다.

"친구를 사귀어야 사회성이 발달해. 내가 옆집 예빈이를 집에 놀러 오라고 할게."

"지금 제가 읽고 있는 책을 끝내고 싶어요. 저는 제 모습으로 살 거예요. 사회성이 그렇게 중요한 건가요?"라고 하면서 방문을 닫았다.

성민이의 말: "저만의 세계에서 배우고 상상하는 것을 즐기고 있으니 방해하지 마세요. 물론 저도 친구가 필요해요. 그렇다고 강요는 하지 마세요. 전 누구에게 다가가는 것이 두렵답니다. 혼자 있는 것이 편해요. 먼저 다가와서 살짝 말을 걸어준다면 저도 조금씩 마음의 문을 열고 친구를 사귈 수 있답니다."

● 5번 탐구 전문가, 관찰자

지적이고 논리적이고 냉철한 관찰자이다. 사람이나 물질이 아닌 지식에 집착한다. 생각이 많아 생각하다 행동이 안된다. 집중력이 뛰어나다. 사람들

과 거리를 두고 혼자 있기를 좋아한다. 신중하고 사려 깊으며 유머 감각으로 주위 분위기를 부드럽게 하는 기지가 있다.

내부로 움츠러들어 지나치게 분석하기보다는, 외부를 향해 나아가서 활동에 참여한다. 행동과 참여와 헌신이 필요하다. 삶으로부터 초연하지 말고 적극적으로 개입하여 관계 속에서 사랑을 체험하라. 사랑하는 것을 배우고 가까움과 친밀함을 경험한다.

5번 유형은 '나는 통찰력이 있다.'라는 자기 이미지가 있다. 5번의 본성이 갖는 이미지에 어쩔 수 없이 집착한다. 5번은 지식이해에 집착한다. 박사가 될 확률이 높다. 지식이 주는 공허함을 회피하기 위해 사람 관계에서 거리를 두고 후퇴한다.

● 중요 단어

관찰, 신중함, 객관적, 집중, 구도자, 지각적, 호기심, 분별, 논리적, 유머 감각, 견문이 넓음, 간결함, 꼼꼼함, 관여하지 않음, 오만, 거리감, 차가움, 분석적인, 정보수집, 사색적인, 열중하는, 지적 호기심, 나서지 않는, 이성적인

➡6번 사슴 / 충실하면서 의존하지 않으며 용감한 사람이 되기 위하여

아름이는 늘 불안하다. 불안과 두려움에 자주 휩싸여서 항상 꼼꼼하게 확인하는 버릇이 있다. 아름이는 월요일 아침마다 학교에 가기가 불안했다. "오늘 또 체육 시간에 줄넘기하다가 줄이 꼬이면 어떡하지. 수학 시간에 선생님이 내가 모르는 문제의 정답이 무엇이냐고 물어보면 얼마나 쪽팔릴까…. 아침부터 꼬리에 꼬리를 무는 불안한 생각으로 긴장해서 어깨가 딱딱해졌다.

학교에서는 현장 체험 학습에 관해서 선생님에게 질문을 했다. "선생님, 우리가 타고 가는 버스가 밀리면 제시간에 도착을 못할 것 같아요." 현장 체험을 하러 오고 가는 길에 사고라도 나면 어쩌나 하는 불안이 올라왔기

때문이다.

아름이의 말: "저의 불안과 의심을 너무 놀리지 마세요. 저도 이런 저를 어떻게 할 수가 없답니다. 돌다리도 두드려보지 않으면 안심이 안돼요. 단지 불안한 마음의 감정을 끄집어내고 작게 만들도록 도와주세요. 제가 감정을 가라앉히는 데 도움이 필요합니다."

● 6번 헌신전문가, 충성가, 회의론자

자기 자신에 대해서도 의심한다. 그룹에 소속되는 것을 좋아한다. 가족에게 최선을 다한다. 내면에 신중한 위원회가 있어서 결정하는 것을 어려워한다. 협동적이고 인내심이 있다. 가능과 불가능을 잘 알고 가능하지 않은 것은 시도하지 않는다.

자신이 결정하는 것을 연습해야 한다. 내면에서 자신을 신뢰하지 못하고 있다. 어느 정도의 불확실과 불안정은 삶의 자연스러운 일부분이라는 사실을 받아들인다.

6번 유형은 '나는 의무를 다한다.'라는 자기 이미지가 있다. 6번의 본성이 갖는 이미지에 어쩔 수 없이 집착한다. 6번은 충실함에 집착한다. 그래서 안전하지 않은 상황이 되면 일탈을 하고 그 책임을 남에게 돌린다.

● 중요 단어

책임감, 충성, 친절, 헌신적, 가정적인, 열정적, 안정감, 믿음직스러움, 준법, 에너지, 네트워커, 협조적, 유머 감각, 과대 관여, 율법주의, 걱정, 의심, 도량이 좁음, 헌신적인, 안정감, 충실한, 회의적인, 미리 준비하는

➡7번 원숭이 / 꿈이 많으면서 감사하는 행복한 사람이 되기 위하여

다희는 오늘도 '뭔가 재미있는 일이 없을까?' 궁리를 한다. 내일이 시험인데 책을 반복해서 본다는 것이 너무 지루하고 진저리가 쳐진다. 그래서 의자에서 일어났다. 진득이 앉아있는 것도 너무 힘들어서 계속 왔다 갔다 한

다.

마침 저번에 TV 채널을 넘기다 홈쇼핑에서 본 전자시계가 생각이 났다. 그 전자시계를 가지고 싶다는 강한 충동이 일어났다. 비상용 카드가 떠올랐고 결국 지르고 말았다. 다희에게 꼭 필요한 물건도 아니어서 후회한 적이 한두 번이 아니다. 그런데도 정신을 못 차리고 다시 질렀으니 다희는 어떻게 될까?

다희의 말: "제가 충동구매를 할 때가 많아요. 전 자유로운 영혼이거든요. 그렇다고 저를 윽박지르지 마세요. 이해되도록 설명하면서 설득을 하면 저도 알아듣는다고요. 이게 다 지루함을 이기지 못하고 뭔가 재미를 추구하다 발생하는 일이랍니다. 늘 똑같이 반복하는 것을 힘들어하니 조금 새로운 방법으로 호기심을 자극해 주세요. 그러면 저도 정말 잘할 수 있을 것 같습니다. 놀기를 지나치게 좋아하긴 하지만요."

● 7번 열정전문가, 모험가, 팔방미인

직업을 자주 바꾼다. 한 우물을 파면 좋은 지도자가 될 수 있는 능력이 있다. 놀기를 좋아하고 긴장감이 없다. 긍정적인 면을 보고 칭찬을 잘한다. 남에게 긍정적 에너지를 줄 수 있다. 모험심과 호기심이 많다. 지루한 것을 못 견딘다.

절제하기가 필요하다. 한 가지 일이 완수될 때까지 그 일을 지속해서 실행하는 것을 훈련하라.

7번 유형은 '나는 행복하다.'라는 자기 이미지가 있다. 7번의 본성이 갖는 이미지에 어쩔 수 없이 집착한다. 7번은 행복에 집착한다. 그러나 현실은 행복하지 않은 순간 들이 더 많다. 즐거움보다는 아픔과 고통의 시간이 몇 배로 많다. 이런 고통을 만날 때 내가 어떻게 행동하는지를 보아야 한다. 7번은 회피한다. 회피하면서 합리화라는 방어기제를 통해 행복을 놓지 않으려고 한다. 행복과 슬픔은 연결되어 있다.

슬픔의 끝에서 행복을 느낀다. 행복은 행복으로만 수 놓인 것이 아니라 슬픈 그림도 가지고 있다. 이 단순함을 받아들이면 진정한 행복을 거머쥘 수 있다.

● **중요 단어**

격려, 진실한 접대, 즐거움, 팔방미인, 과대한 낙천성, 열정적, 유머 감각, 자기 탐닉, 능변, 감사, 냉소적, 현실도피, 충동적, 긍정적인, 호기심, 모험심, 열정적인, 분위기를 이끄는, 다양함, 변화무쌍한, 사교적인, 창조적 비전

◯ 나의 번호는 몇 번인가요?

▶ 장형의 3가지 성격 유형 – 나의 유형에 동그라미를 해 보세요.

8번–도전전문가(호랑이)	9번–화합전문가(코끼리)	1번–개혁전문가(황소)

▶ 가슴형 3가지 성격 유형 – 나의 유형에 동그라미를 해 보세요.

2번–협력전문가(강아지)	3번–성취전문가(독수리)	4번–창조전문가(고양이)

▶ 머리형 3가지 성격 유형 – 나의 유형에 동그라미를 해 보세요.

5번–탐구전문가(부엉이)	6번–헌신전문가(사슴)	7번 열정전문가(원숭이)

⇒ 나는 왜 장형/가슴형/머리형/이라고 생각하는가?

⇒ 내가 장형/가슴형/머리형/이어서 좋은 점은 무엇인가?

⇒ 내가 장형/가슴형/머리형/이어서 싫은 점은 무엇인가?

⇒ 나는 왜 이 번호라고 생각하는가?

⇒ 내가 이 번호라서 좋은 점은 무엇인가?

⇒ 내가 이 번호라서 싫은 점은 무엇인가?

날개

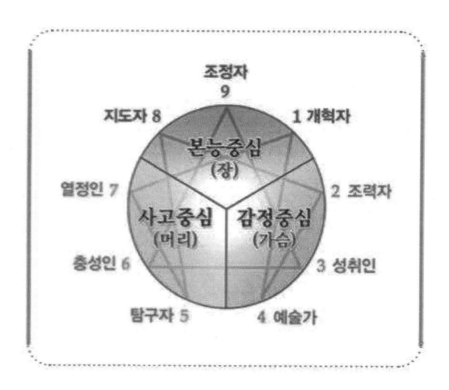

양팔을 옆으로 펴서 날갯짓을 해보라. 기분이 날아갈 것 같은가. 날개는 나의 번호 속에 갇히지 않고 균형을 잡아주는 역할을 한다. 그래서 나의 번호 바로 옆에 있는 번호가 날개 번호이다. 각 번호의 옆에는 두 개의 번호가 있다 그중에서 나와 더 가깝게 여기는 한 개의 번호가 날개다. 나의 번호 양쪽에 있는 날개 번호를 확인하고 어떤 번호의 영향을 더 많이 받는지 확인한다.

날개는 기본 유형을 변화시킨다. 그래서 자신의 유형 안에 갇혀서 살지 않아도 된다. 자기 번호의 틀을 벗고 자유롭게 날개를 펴고 날아갈 수 있다. 그러나 기억할 점이 있다. 날개도 자신의 발달 수준의 영향을 받는다. 그래서 9가지 발달 수준별로 다른 반응을 나타낼 수 있다. 건강 범위와 평균 범위, 불건강한 범위에서 다른 상태를 보인다.

날개는 또 다른 희망이다. 나에게 없는 것을 날개 번호를 이용해서 사용할 수 있다. 그렇게 되면 뛰어갈 수밖에 없던 내가 날아갈 수 있다. 그래서 날개의 존재 의미는 크다.

내가 가슴형이라면 머리형의 특성을 빌려 쓸 수 있다. 내가 장형이지만 가슴형의 장점을 빌려 쓸 수 있다. 내가 머리형이지만 장형의 특성을 빌려 쓸 수 있다. 나를 돕는 조력자의 역할을 하면서 보완과 보충의 역할까지 한다. 참으로 고마운 날개다. 날개를 잘 활용해서 인생을 멋지게 승리하길 바란다.

• 4W5 -4번 유형에 날개가 5번이다.

4번 특성은 그대로이고 5번 날개로 적응력을 가진다. 5번의 원형에서 조금씩 변형을 가미했다. 4번의 기본형이 보라색이라면 날개를 가진 4번은 다양한 보라색의 스펙트럼을 보인다.

▶ 나의 날개 번호를 확인해보라.

날개는 W로 표시한다. 번호 2번에 날개가 1번이면 2W1 이렇게 표시한다.

활동 질문

세상 떠날 때 마지막 유언을 남긴다면 무슨 말을 할까?

8번

9번

1번

2번

3번

4번

5번

6번

7번

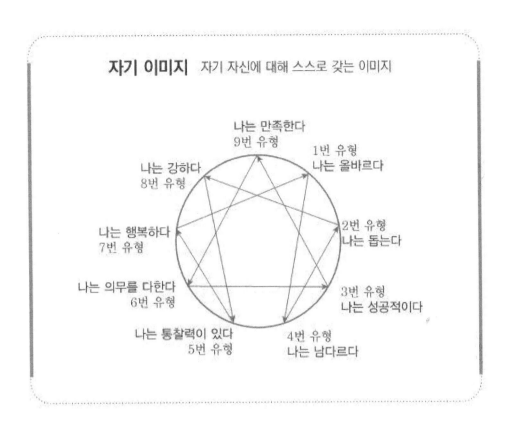

자기 이미지 자기 자신에 대해 스스로 갖는 이미지

나는 만족한다
9번 유형

1번 유형
나는 올바르다

나는 강하다
8번 유형

2번 유형
나는 돕는다

나는 행복하다
7번 유형

나는 의무를 다한다
6번 유형

3번 유형
나는 성공적이다

나는 통찰력이 있다
5번 유형

4번 유형
나는 남다르다

8번 강함을 추구하고 주장이 강한 사람

9번 조화와 평화를 바라는 사람

1번 완벽을 추구하며 개혁하는 사람

2번 타인에게 도움을 주려는 사람

3번 성공을 효율적으로 추구하는 사람

4번 특별한 존재를 지향하는 독특한 사람

5번 관찰하고 연구하여 지식을 추구하는 사람

6번 안전을 추구하고 충성하는 사람

7번 즐거움을 추구하고 계획하는 사람

▶ 나의 이미지에 대해 어떻게 생각하는가?

▶ 나와 가장 잘 어울리는 캐릭터(웹툰이나 게임 프로그램, 텔레비전이나
   영화 속 인물 등)를 쓰고 이유를 적어보세요

▶ 내가 좋아하는 연예인의 힘 중심과 번호는? (상상해 보기)

▶ 그 연예인의 어떤 점을 좋아하는가?

▶ 나의 캐릭터(에니어그램 번호)를 이미지로 그려보세요.

제목 :

▶ 자신이 그린 그림의 내용을 글로 쓰세요.

▶ 그림의 제목을 붙여 보세요.

♣ 쉬어가는 코너

▶ 1부를 마무리하면서 나에게 남는 생각은 무엇인가?

▶ 나에게 떠오르는 긍정적인 단어나 느낀 점은 무엇인가?

▶ 내가 생활 속에서 실천하고 싶은 점은 무엇인가?

2부. 특성 알아보기

1 동물, 색깔, 국가, 인물

나는 7번이기에 녹색을 좋아한다. 녹색이나 푸른색 계열에 눈이 계속 간다. 녹색옷을 입을 때 에너지가 생긴다. 녹색을 보면 생기가 감돈다. 나의 본성이 끌어당기는 색이기 때문이다. 번호별로 끌리는 색깔이 분명히 있다. 마음의 욕망이 색깔 안에 담겨있다.

4번은 확실히 보라나 빨간색에 마음이 간다. 보라 색깔의 옷을 입을 때나 빨강 색깔 물건을 샀을 때 마음이 만족한다. 남의 시선보다 자신의 욕구를 채워주면 행복 감성을 더 많이 느낀다.

9가지 번호별로 색깔, 닮은 동물, 국가, 인물을 보면서 나의 유형을 더 다양한 관점에서 이해해보기를 바란다.

➡ 8번

부정 동물 : 코뿔소-먼저 공격하고, 영역에 침입하여 몰아붙인다.

긍정 동물 : 호랑이-힘의 상징, 배고플 때만 큰 동물만을 공격하고 정량만 먹는다.

색 : 흑과 백-절대적인 무, 죽음의 끝, 심연과 순결, 축복, 명확

국가 : 스페인-투우의 나라, 강력한 남자다움을 중시

인물 : 다윗, 사울, 나폴레옹

나폴레옹

'내 사전에 불가능이란 없다.' 나폴레옹은 이 말로 잘 설명된다. 그는 프랑스 령의 외딴 섬 코르시카 출신으로 가난과 설움 속에서 군사학교를 졸업하고 뛰어난 능력으로 프랑스 구국의 영웅이 되었다. 30대 초반에 프랑스 황제로 등극해 유럽의 절반을 제패하고, 교육, 종교, 문화, 법률 등 오늘날 프랑스의 초석을 남긴 인물이다. 지난 세기 프랑스 위인 열전에서 항상 1등의 자리를 고수한 위대한 인물이다.

➡ 9번

부정 동물 : 코끼리-어렁거린다, 새끼를 깔아뭉갠다.

긍정 동물 : 고래-비공격적, 평화적, 인간의 두뇌에 비견하는 돌고래쇼

색 : 황금색-깨달음, 평화, 조화, 충만, 승려들의 띠

나라 : 멕시코-낮잠을 즐긴다. 문명이 파괴되기 이전의 모든 나라들

인물 : 아브라함, 모세, 링컨, 레이건

링컨

미국의 제16대 대통령(재임 1861~1865). 남북 전쟁에서 북군을 지도하여 점진적인 노예 해방을 이루었다. 대통령에 재선되었으나 이듬해 암살당하였다. 게티즈버그에서 한 연설 중 유명한 '국민에 의한 국민을 위한 국민의 정부'라는 불멸의 말을 남겼다.

➡ 1번

부정 동물 : 테리어 종의 개-체구는 작지만 먼저 물어뜯은 뒤에 짖는다.

긍정 동물: 개미-자기 집에 충실, 공동체의 발전에 기여

색 : 은색-차갑고 차분, 깨끗함, 태양, 더 높은 이상에서 얻은 달빛

국가 : 러시아-혁명, 더욱 인간적인 사회를 지향하는 꿈, 인간적 사회, 혁

명가, 이상주의자

인물 : 바울, 노무현, 마르틴 루터, 마거릿 대처

마르틴 루터

독일의 종교개혁자이자 신학자이다. 면벌부 판매에 '95개조 논제'를 발표하여 교황에 맞섰으며 이는 종교개혁의 발단이 되었다. 신약성서를 독일어로 번역하여 독일어 통일에 공헌하였으며 새로운 교회 형성에 힘써 '루터파 교회'를 성립하였다. 지금의 개신교 형성에 크게 이바지하였다.

➡ **2번**

부정 동물 : 고양이-10년을 길러도 10일 기억

긍정 동물 : 새터 강아지-온화, 자기가 바라는 것을 확실히 표현

색 : 빨강-생명, 힘, 열정, 사랑과 순교

국가 : 이탈리아-신체접촉, 매력, 사랑이 많고 따뜻, 지중해, 성모 마리아

인물 : 사도 요한, 마더 테레사, 마하트마 간디

마더 테레사

알바니아계 출신의 인도 가톨릭교회 수녀. 1948년 인도 콜카타의 빈민가에 '사랑의 선교 수녀회'를 만들어 평생 가난하고 병든 사람들을 돌보며 살았다 이 공로로 1979년 노벨평화상을 받았다. 테레사 수녀는 인도사람들에게 자기 뜻을 알리기 위해 검은 수녀복을 벗고 인도의 흰색 사리를 입었다. 이 옷은 훗날 테레사 수녀를 상징하는 옷이 되기도 하였다. 그녀가 베푸는 봉사와 박애는 이미 가톨릭을 벗어난 더 큰 의미의 종교 같은 것이었다.

➡ **3번**

부정 동물 : 카멜레온, 공작새-주변 사람과 환경의 기대에 따라 변화

긍정 동물 : 독수리-바람의 황제, 실패해도 똑바로 볼 수 있다. 유일하게 태양을 똑바로 볼 수 있다.

색 : 노란색-가장 밝은색, 목적을 분명히 나타내나 쉽게 때가 묻어 더럽혀

진다.

국가 : 미국-능력주의, 성취감, 효율성을 중시

인물 : 야곱, 이명박, 빌 클린턴, 오프라 윈프리

오프라 윈프리

오프라 윈프리는 시골인 미시시피주에서 사생아로 태어났다. 태어났을 때 어머니께 버려졌고 할머니와 함께 살다가 어머니가 계시는 밀워키로 이주하여 자라온 그녀는 어린 시절 상당한 고난을 겪어야 했다. 오프라 윈프리는 20세기의 가장 부자인 흑인계 미국인으로 꼽혔고, 미국의 상위 자산가 중 첫 번째 아프리카계 미국인이며 세계에서 유일한 흑인 억만장자이다. 그녀는 세계에서 가장 영향력 있는 여성으로 불렸다

➡ 4번

부정 동물 : 야생비둘기-처량

긍정 동물 : 흑색마-냉정한 아름다움, 귀족적

색 : 보라색, 갈색-명암이 신비

국가 : 프랑스-예술의 나라, 특별, 세련, 교양, 최고급 의상

인물 : 요셉, 버지니아울프, 마이클 잭슨

요셉

성경에 나오는 야곱의 12명의 아들 가운데 라헬에게서 태어난 11번째 아들. 이집트에 팔려가 총리대신이 되었으며 이집트 주변의 흉년과 기근을 예지하고 대책을 미리부터 세웠다. 이상적 덕목을 갖춘 명재상이다. 이스라엘 12 부족 족장의 한 사람이다. 느지막이 난 아들로 아버지의 편애를 받아 형제들의 시기를 샀다. 요셉이 왕이 되는 꿈을 꾸었다는 이야기를 들은 형제들은 그를 죽이려고 하다가 이집트 대상에게 팔아 넘겼다. 운 좋게도 이집트 궁중에 들어가 말단 관원 생활을 하였다.

➡ 5번

부정 동물 : 여우-교활, 약삭 빠름, 100년 묵은 여우 둔갑, 1,000년 털이 하얗게 변하고 꼬리가 9개 전지전능 /비단털쥐-탐욕, 수집욕, 어려운 시기에 대비 음식 저장

긍정 동물 : 올빼미-눈을 뜬 채로 경계, 모든 것을 보는 지혜의 새, 청각 발달

색 : 파랑-내향, 휴식, 거리감, 명상의 하늘과 바다

국가 : 영국-신사의 나라, 보수적, 신중, 예의, 냉정

인물 : 에스라, 마리아, 도마, 아인슈타인, 오바마

아인슈타인

독일 출신의 미국 물리학자. 광양자설, 특수 상대성 이론 등을 연구했다, 1905년에 발표해 과학계 기적의 해를 만들었다. 또한 1916년에 특수 상대성이론을 발전시킨 일반 상대성이론을 발표하였다. 연구 업적을 인정받아 1921년 노벨물리학상을 받았다.

출처: 아인슈타인 (만화로 보는 교과서 인물, 한고은, 김덕영, 이서윤)

➡ 6번

부정 동물 : 산토끼-공포형, 놀란 토끼, 주변 변화나 위험에 즉시 반응할 수 있는 주의력/ 늑대-공포 대항형, 궁지에 몰렸을 때 공격, '궁지에 몰린 쥐'

긍정 동물 : 사슴, 순수, 청순, 무리를 이루어 경계하는 협동

색 : 베이지 계통의 갈색-땅 같은 안정

국가 : 독일-군대, 단호, 정확한 스타일

인물 : 베드로, 손석희, 조지 부시, 다이애나

조지 부시

조지 부시는 대통령 당선과 함께 전통적인 미국의 가치들을 존중하고 이를 기반으로 미국을 '보다 친절하고 부드러운 국가'로 이끌어 나가겠다는 통치

이념을 표방했다. 취임사에서 부시는 '미래에 대한 희망으로 충만한 지금 순간에 미국의 국력을 선을 위한 힘'으로 사용하겠다고 공약했다. 대대로 공직자를 배출한 가문에서 태어난 조지 허버트 워커 부시는 전시와 평시 모두 국가에 봉사해야 한다는 책임감을 느꼈다.

➡ 7번

부정 동물 : 원숭이-모험과 쾌락, 땅을 밟지 않고 이 나무 저 나무 유희, 다다익선

긍정 동물 : 나비-고치에서 나올 때의 고통 극복

색 : 녹색-생명력, 기쁨, 건강, 행복, 천진난만 '풋내기'

국가 : 아일랜드-네 집 건너 술집, 초상집에서 가무, 브라질-빈부격차 격심, 열대 우림, 벌채

인물 : 솔로몬, 한비야, 모차르트, 짐 캐리

모차르트

세계 유수의 천재 작곡가이자 연주가. 18세기의 인물. 이상하기까지 한 음감을 지녔고, 확고한 천재성으로 많은 악곡을 후세에 남겼다. 어린 시절부터 건반악기와 현악기 연주의 신동으로 불렸으며, 여섯 살 때는 합스부르크 가문이 지배하는 신성로마제국의 여제 마리아 테레지아에게 초빙되어 궁중 음악을 연주했다. 열네 살 무렵에는 바티칸의 시스티나 성당에서 백 년 간 외부에 유출하지 않았던 다성음악을 단 한 번 듣는 것만으로 완벽하게 기억하고 악보에 써냈다. 생각보다 남과 이야기하는 것을 좋아하고 농담도 좋아한다.

2 학습과 스트레스

3가지 힘 중심별로 학습의 방법과 스트레스 해소 방법이 다르다.

● 머리형

머리형은 이성형이라고도 한다. 상징단어는 이성파, 계획파이다. 머리의 지식과 에너지, 정보가 최고다. 논리적이고 이성적 판단을 한다. 주요관심은 상황과 정보이다. 힘의 중심은 뇌(머리)이다. 욕구는 안정이다. 의사결정은 논리와 이성, 타당성에 따른다.

외모는 얇고 가벼운 체격에 깔끔하고 쌀쌀맞은 인상이다. 에너지 보충은 수면이다. 관심사는 계획, 즉 현실 적응이다. 시제는 미래다. 성격은 차분하고 조용한 편이다. 부모와의 관계가 수평적이고 독립적이다. 친구와의 관계에서 혼자서도 잘 논다. 폐쇄형이다. 일할 때 논리적이고 합리적이다. '내가 해야 하나'라고 생각한다. 머리형의 극복 방법은 타인에게 자신을 말해야 한다.

시각적 이성형이다. 공부 방법은 시각형이다. 책 내용 읽기와 필사가 좋다. 머리형은 학생이라서 공부를 한다. 공부가 안되는 이유는 내가 안 할 뿐이다. 내부적 조건 때문이다. 동기부여는 필요성을 설명해야 한다. 간접경험을 통해 관심 분야를 찾으면 좋다.

공부 스타일은 스스로 계획한다. 꾸준한 실행 스타일이다. 공부 습관 만들어주기는 자신만의 시간대와 목표량으로 꾸준히 할 수 있도록 해준다.

스트레스 원인은 계획대로 되지 않을 때 일어나는 의심과 걱정이다. 스트레스의 증상은 이성적 대응을 한다. 교류 회피나 단절을 한다. 스트레스 해소법은 휴식을 취한다. 에너지 보충은 충분한 수면이 필요하다. 혼자 정리할 시간을 가진다.

● **장형**

장형은 행동형이라고 한다. 행동파, 기분파로 불린다. 중심 감정은 분노다. 행동형은 아랫배(위, 식도, 장)에 본능 에너지가 있다. 몸과 힘이 최고다. 경험적 행동적 판단을 중요시한다. 힘과 존재가 중요하다. 지배와 통제 중심적이다. 원칙과 주관, 당연과 의무에 따른 결정을 한다. 건장한 체격으로 단호하고 도전적인 인상을 준다. 음식 섭취를 좋아한다.

뜻대로 되지 않을 때 분노한다. 시제는 현재이다. 어른스럽고 책임감이 강하다. 수직적이고 상하관계를 중요시한다. 지도자형으로서 친구들을 거느리며 논다. 자기 의지가 중요하다. 인지는 운동 감각적 행동형이다. 공부는 토론과 액션이 좋다. 발표와 조별 활동에도 흥미를 가진다.

장형은 공부를 어른들이 하라고 해서 한다. 동기가 부족해서 할 필요가 없으면 공부를 안 한다. 동기부여는 분명한 목표 설정이 필요하다. 영향력 있는 멘토와의 교류가 필요하다. 공부 스타일은 순간적인 집중력으로 매진한다. 공부 습관 만들어주기는 확실한 동기유발로 집중력을 갖게 한다. 먹기와 여행하기가 필요하다.

스트레스 원인은 내 뜻대로 되지 않을 때나 자존심이 상하거나 실패하기 때문이다. 스트레스 증상은 행동적 대응을 하고 분노를 표출한다. 스트레스 해소 방법은 격렬한 운동 및 신체적 활동을 한다.

● **가슴형**

가슴형은 감성형이라고 한다. 감성파, 낭만파로 불린다. 감성형은 가슴(심장, 피 순환계)의 감정 에너지가 많다. 사람과 인맥이 최고다. 타인과의 관계가 중요하다. 분위기에 민감하다.

관심은 타인의 인정이다. 관계된 사람, 영향받는 사람, 내가 좋아하는 사람인가에 따라서 결정한다. 둥글둥글하고 부드러운 용모다. 매력적이고 호감이 간다. 대화와 수다를 좋아한다. 인간관계에서 수치심을 느낀다. 시제는 과거이다. 사교적이고 애교가 많다. 친밀감이 중요하고 의존적이다. 집단형으로 어울려 노는 것을 좋아한다.

감성적 판단을 한다. 질문과 낭독, 대화 토론 중심의 학습 방법이 좋다. 청각적, 공감적 경청 부분이 발달했다.

가슴형은 인정받기 위해서 공부를 한다. 공부하는 환경과 분위기에 좌우된다. 공부 스타일은 동기유발을 위한 칭찬과 격려를 한다. 좋아하는 친구나 선생님의 부추김이 필요하다. 동기부여는 구체적인 비교 대상과의 선의의 경쟁이 필요하다. 공부 습관 만들어주기는 끊임없이 칭찬하고 곁에서 지켜본다. 가슴형은 친구와의 교류가 필요하다.

스트레스 원인은 사람과의 갈등이다. 스트레스 증상은 감정적 대응을 하고 의지하고 하소연한다. 그래서 서운함과 불만이 많다. 스트레스 해소 방법은 관심, 공감, 애정을 통해서 한다.

▶ 나의 힘 중심은 어디인가? 장형, 가슴형, 머리형

▶ 나의 공부 방법은?

▶ 나는 스트레스를 어떻게 해소하는가?

3 의사소통

에너지의 위치

3가지 힘 중심은 에너지가 몰려있는 위치가 다르다. 그뿐만이 아니라, 생각과 감정, 행동이 다르다. 그래서 나와 다른 힘 중심끼리 만나면 불협화음이 일어난다. 주위 사람들이 나와 다른 힘 중심이라면 여러 가지로 힘들 수 있다.

누구나 인간관계 때문에 어렵고 힘들다고 느낄 때가 있다. 인간관계는 비단 어른들만 어려운 것은 아니다. 남녀노소가 모두 힘들다. 청소년들은 인간관계를 배우는 시기인데 어려움에 부딪히면 피하는 경향이 있다.

극단적인 경우는 홀로 방에 갇혀서 안 나온다. 일본에서는 '히끼꼬모리'라고 하는데 우리나라에서는 '은둔형외톨이'다. 일본과 우리 니라의 차이점은 일본은 은둔형외톨이를 회복시키는 시스템을 사회가 가지고 있다. 우리나라는 아직 거기까지 못 갔다. 그래서 은둔형외톨이들이 방치되고 있다.

인간관계를 무조건 피하지 말고 해결책을 구해보자. 인간관계의 어려움은 곧 의사소통의 어려움이다.

3가지 힘 중심별로 생각과 감정, 행동의 패턴이 다르다. 그래서 의사소통의 방식이 다르다. 그러다 보니 의사소통에 서로 어려움이 있다.

아래는 번호별 고민이다. 본인의 고민을 찾아보기 바란다. 그리고 아래 고민이 몇 번의 고민인지도 추측해보면 좋겠다. 나의 주위 사람들을 상상해보면 알 수도 있다.

- 나와 다르다는 것을 받아들이기가 어려워요.
- 나의 열등감을 극복하기가 어려워요.
- 너무 내성적이라서 고민입니다.
- 소외감을 자주 느낍니다.
- 사람들과 같이 있고만 싶어요.
- 제 의견을 표현하기가 너무 어렵습니다.
- 혼자 있는 것이 너무 편합니다.
- 전 대장이 되어 인정받고 싶습니다.
- 전 수시로 우울감에 빠집니다.
- 전 모든 것이 걱정입니다.
- 착한 사람으로 보이고 싶고 사랑받고 싶어요.
- 전 싸우는 것이 싫어서 모두 '예스'라고 해요.
- 전 즐겁지 않으면 불안해지기 시작합니다.
- 내가 모든 것을 통제하고 휘둘러야 직성이 풀립니다.
- 저는 1등을 해야 나를 인정할 수 있습니다.
- 나의 감정을 느끼고 직면한다는 것이 두려워서 늘 피한답니다.
- 전 사소한 말 한마디에도 상처를 쉽게 받아요.

3가지 힘 중심 의사소통 차이

장형은 직접적이고 즉각적이다. 행동이 먼저 나온다. 감정이 있는 행동이 먼저 나오고 생각은 따로 뒤에 있다. 어떻게 해야 할까? 장형의 생각을 물어본다.

 가슴형은 간접적이고 우회적이다. 감정이 먼저 나온다. 생각과 감정이 섞여 있다. 행동은 뒤에 떨어져 있어서 스트레스 받으면 행동을 안 한다. 어떻게 해야 할까? 가슴형의 감정을 읽어주고 공감해 준다.

 머리형은 소극적이고 지연적이다. 생각한 후에 행동한다. 감정이 뒤에 따라 나오는데 메말라 보인다. 어떻게 해야 할까? 어떤 감정을 느꼈는지 짚어주고 코치한다.

● **머리형이 가슴형을 만났을 때**

 먼저 울어버리는 사람이 힘들어요. 공감하고 위로해주기가 힘들다. '영혼 없는 위로'라는 말을 종종 듣는다. 화났을 때 상대방을 생각해서 바로 화내지 않는다. 상대방이 즉흥적일 경우, 뒷감당은 내가 해야 할 것 같은 생각이 든다. 갑자기 약속을 잡거나, 애매하게 이야기할 때 곤란하다. 주관적으로 판단해서 상대방을 욕할 때 당황스럽다.

● **가슴형이 장형을 만났을 때**

 일 중심의 사고를 하는 장형과 부딪힌다. 가슴형은 인간관계 중심이다. 장형은 추진력이 있으나 명령과 지배적인 성향의 사람은 가슴형과 부딪힌다. 가슴형은 동의를 구하고 배려해주는 것이 좋다. 가슴형은 섬세하고 자상한 설명을 해주는 대화를 추구하는데 장형은 권위적이고 명령적인 대화를 한다. 장형의 거침없는 말로 인한 상처가 있다. 가슴형은 기분이 좋아야 일을 할 수 있다.

 가슴형이 감정적인 장난말을 던졌을 때 장형의 폭발하는 분노가 황당하다. 생각하지 않고 바로 행동하는 장형과 부딪힌다. 싸울 때 화해의 말없이 아무렇지 않게 행동한다. 본인도 모르면서 남을 시킬 때 기분이 나쁘다. 상황 파악 없이 자기주장만 내세울 때 힘들다. 의견을 묻지 않고, 마음대로 결정할 때 무시당한다고 느낀다.

● 가슴형이 머리형을 만났을 때

공감받고 위로받고 싶은데 머리형은 상황 분석과 객관적인 사실이 중요하다. 문제점을 나눌 때 공감보다 해결책을 먼저 제시한다. 생각을 정리하고 말을 해서 상대방이 답답해한다. 상대방이 의견을 제시하면 분석적으로 접근한다. 행동보다 생각이 먼저 나온다. 타인이 감정을 먼저 드러내면 당황스러워한다. 내 편 안 들어주고 객관적으로 이야기할 때 서운하다.

● 장형이 머리형을 만났을 때

머리형과의 계획성 문제로 인해 부딪힌다. 머리형은 생각이 너무 많은 것 같다. 급한 상황에서 허둥지둥하고 있는데 머리형은 가만히 지켜보는 상황이 힘들다. 합리적이고 논리적인 성격과 간단명료한 지시체계가 힘들다. 사전 계획에 없던 일을 하자고 할 때 상대방의 반응이 별로 안좋다.

● 머리형이 장형을 만났을 때

장형의 직설적인 말과 행동으로 상처를 받는다. 장형의 급한 성격과 그때 나오는 말투에 상처를 받을 수 있다. 계획 없이 일단 저지르고 보는 사람들이 힘들다. 머리형은 지배적인 명령보다는 구체적인 동기부여를 하고 존중하는 것이 필요하다.

● 장형이 가슴형을 만났을 때

어떤 문제에서 같은 이유로 힘들어하면서 감정을 이야기하는데, 가슴형은 행동하지 않는다. 가슴형은 창피하다고 먼저 나서는 법이 없어서 장형이 결국 무언가를 나서서 한다. 가슴형은 간단명료하지 않고 장황한 부가 설명의 말들을 한다.

• 장형과 가슴형

 -장형의 위협하는 말투와 분위기 때문에 가슴형이 힘들어한다.

• 장형과 머리형

 -머리형이 장형을 파악해서 잘 대처한다.

• 머리형과 가슴형

 -어디로 튈지 모르는 가슴형의 감정 기복 때문에 머리형이 힘들어한다.

• 충고하는 방법

 장형은 잘못했을 때, 더 화를 내는 경향이 있다. 화가 가라앉은 다음에 말하는 것이 좋다. 그리고 한 번의 지적으로 끝나야 한다.

장 형은 행동이 가장 먼저 나오고 감정, 생각이 나온다. 그래서 좀 더 차근차근 설명하면서 생각을 끌어내야 갈등을 해결할 수 있다. 장형이 싫어하는 것은 친구가 명령하 는 것이다.

 가슴형은 잘못했을 때, 변명을 쉽게 한다. 사실 그대로를 지적하기보다는 두렵고 슬픈 마음에 공감해야 서운해하지 않는다. 부드러운 목소리로 잘못을 말해준다. 그리고 '힘들어도 같이 노력해보자'라고 말하면 최고의 충고가 된다.

 가슴형은 감정이 제일 먼저 나오고, 생각과 행동이 나온다. 행동이 따르기가 더디다는 것을 알고 감정을 잘 헤아려 줄 필요가 있다. 가슴형이 가장 싫어하는 것은 친구가 핀잔하는 것이다.

 머리형은 잘못했을 때, 자신의 잘못을 인정하는 경우가 많다. 감정적으로 대하기보다는 잘못된 부분을 사실적으로 정확하게 설명한다.

머리형은 생각이 가장 먼저 나오고, 행동, 감정 순서로 나온다. 생각이 많은 형이기에 자기 생각을 충분히 표현하도록 들어줄 필요가 있다.

• 사과하는 방법

 장형은 화가 났을 때, 큰 목소리로 화를 내며 힘을 휘두르곤 한다. 장형에게는 변명을 늘어놓기보다는 사과를 먼저 하는 것이 상책이다. 작고 부드러운 목소리가 큰 목소리 보다 상대방의 흥분을 가라앉힐 수 있다.

가슴형은 화가 났을 때, 얼마나 슬펐는지를 길게 이야기하고 우는 경향이 있다. 미안함을 전달하면서 슬픈 마음에 공감해 주면 좋다.

머리형은 머리형의 잘못을 조목조목 지적하면 화를 내는 경향이 있다. 미안함을 말하면서 문제해결을 약속하는 것이 좋다.

• 9가지 유형별 대화방식

8번 강한 에너지 때문에 상대방이 압도감을 느낀다.

9번 자신이 무엇을 원하는지 제대로 전달하지 못한다.

1번 성급하며 비판적이어서 화가 난 모습으로 보인다.

2번 자신의 진짜 의도를 위장한다.

3번 실패를 두려워하며 상대를 무시한다는 인상을 준다.

4번 자신과 관련된 표현으로 대화의 중심을 자기 쪽으로 옮긴다.

5번 정이라고는 없어 보이며 쌀쌀맞고 무관심해 보인다.

6번 회의적이고 매사에 부정적인 사람이라는 인상을 준다.

7번 화제가 자주 바뀌고 산만해 상대의 주의력을 흐트러뜨린다.

• 9가지 유형별 피드백 방법

8번 앞뒤 가리지 않는 솔직함에 상대는 기가 죽는다.

9번 적당한 때를 찾지 못해 다음으로 미룬다.

1번 여러 가지 예를 들어 끝도 없이 길어진다.

2번 지나치게 긍정적인 표현을 쓴다.

3번 상대의 감정을 배려하지 않고 핵심만 이야기한다.

4번 긍정적인 면보다는 부정적인 면을 부각한다.

5번 많은 정보를 쏟아부어 상대에게 부담을 준다.

6번 결과에 대한 불안감으로 필요한 정보를 빠뜨린다.

7번 여러 주제를 한꺼번에 전달해 핵심 주제를 놓친다.

● **9가지 유형별 인간관계 스트레스 상황**

8번 행동에 책임지지 않을 때 스트레스를 받는다.

9번 다른 사람과 맞서야 할 때 스트레스를 받는다.

1번 상대방의 일 처리가 엉성하면 스트레스를 받는다.

2번 호의를 무시했다고 여길 때 스트레스를 받는다.

3번 유능한 사람으로 보이지 않을 때 스트레스를 받는다.

4번 가치에 어긋나는 일을 할 때 스트레스를 받는다.

5번 비밀을 지키지 않을 때 스트레스를 받는다.

6번 상대가 권위를 남용할 때 스트레스를 받는다.

7번 지루하거나 평범한 일을 할 때 스트레스를 받는다.

▶ **집착, 회피, 방어기제가 인간관계의 갈등 상황에서 어떻게 작용하는가?**

● 8번 강함/ 약함/ 상황 부정 부인, 안돼!

강함에 집착하면서 인간관계에서 어떤 갈등이 생길까?

● 9번 평화/ 갈등/ 혼수상태

갈등을 회피하면서 인간관계에서 어떤 갈등이 생길까?

● 1번 완전/ 분노, 이중성, 부정직/자기 부인, 부정, 합리화

완전에 집착하면서 인간관계에서 어떤 갈등이 생길까?

● 2번 봉사/ 자기 욕구/ 애정 강요, 감정억압, 욕구 표현

자기 욕구를 회피하면서 인간관계에서 어떤 갈등이 생길까?

• 3번 성공, 성취/ 실패/ 대리성취, 동일시
성공에 집착하면서 인간관계에서 어떤 갈등이 생길까?

• 4번 특별함/ 평범/ 인위적 승화, 감정이입
평범함을 회피하면서 인간관계에서 어떤 갈등이 생길까?

• 5번 지식이해/ 공허 / 거리두기, 후퇴
거리두기가 인간관계에서 어떤 영향을 줄까?

• 6번 안전, 충실/ 일탈/ 투사, 책임 전가
안전에 집착하면서 인간관계에서 어떤 갈등이 생길까?

• 7번 즐거움/ 모든 고통/ 합리화, 고통
보지 않으려고 모든 고통을 회피하면서 인간관계에서 어떤 갈등이 생길까?

나와 너무 달라서 만나면 대화가 안 되고 갈등이 생기고 마음이 어려운 사람이 있는가? 싸우게 되는 사람이 있는가? 보기도 싫고 말도 하기 싫은 사람이 있는가? 누구이고 어떤 상황인지 적어보세요.

▶ 부모님이 나와 달라서 힘들었던 이야기 쓰기

▶ 친구가 나와 달라서 어려움을 겪었던 이야기 쓰기

의사소통의 지혜

 의사소통을 하면서 꼭 필요한 지혜가 있다. 지혜란 여러 가지 상황에서 자신과 남에게 유익을 끼치는 방법이다. 남이 무슨 말을 하면 그 말에 우선 수긍해주는 자세가 지혜이다. 대체로 자기 생각과 다르면 그 말이 다르다는 말부터 시작한다. 그리고 자신의 주장을 펼치면서 상대방을 설득한다. 대부분 상대방은 자신의 말에 반박하는 말에 기분이 상해서 나의 말을 잘 안 듣는다. 나에 대해서도 부정적으로 느낀다.

 상대방을 설득하고 마음을 얻는 ABC가 우선은 상대방의 말이 맞는다고 맞장구를 쳐 주는 여유다. 마음의 여유가 없으면, 바로 '아니오'라고 말하게 된다. 그러면 심하면 상대방이 화를 낼 수도 있다. 대화에서 '그랬구나. 맞아.' 하고 내가 한발 양보하면서 대화를 풀어가면 목표를 획득하기가 쉽다.

약점 보완하기

 성격은 쉽게 바뀌지 않는다. 성격이 이렇다는 데에는 이유가 없다. 그냥 타고난 것이기에 받아들여야 한다. 나의 성격의 단점이 물론 마음에 들지 않을 것이다. 그러나 그것을 긍정적으로 전환할 수만 있다면 낙심할 필요는 없다. 성격 자체를 바꾸려고 하기보다는 단점을 보완하는 방법을 생각해 보아야 한다.

 빛과 어두움이 있듯이 성격은 강점과 약점이 연결되어 있다. 빛과 어두움이 실제로 모두 필요하다. 강점에 대한 우월감 때문에 약점으로 둔감되지 않도록 주의해야 한다. 단점은 때때로 상황에 따라서 장점으로 활용된다.

 우선은 이런 나의 모습을 알아채는 것이 필요하다. 그래야 나의 집착에 끌려다니지 않는다. 집착이 올라와서 마음을 어지럽힐 때 집착을 어떻게 다스릴지 본인이 판단하고 결정할 수 있다.

 8번은 도전적이고 리더십도 강하다. 때로는 강한 추진력이 필요한 일도 있다. 우유부단하게 결정을 못 내리면 이미 기회가 지나가 버릴 수 있기 때문이다.

그러나 이런 과감함이 인간관계에서 큰 실수를 만들지 않도록 조심해야할 필요가 있다. 그래서 사람에게는 상황에 맞게 생각하고 행동하는 지혜가필요하다. 이런 유연성은 나의 약함과 강함을 잘 알고 있을 때 적재 적시에 나올 수 있다.

각 번호마다 약점이 있다. 그래서 내가 나를 이해하기 힘든 부분이 있다. 나아가서 다른 사람과 갈등을 일으키는 부분이 있다. 고민이 없는 유형은아무도 없다. 이 세상에서 발을 딛고 살고 있기 때문이다.

그런데 3가지 힘 중심별 번호들이 가지는 인간관계나 자신에 대한 고민이다르다. 번호별로 동기나 욕망이 다르기에 고민도 다르다.

의사소통에서 가장 기본적인 출발점은 나의 감정, 생각, 행동의 패턴을 먼저 이해해야 한다.

▶ 나의 생각:
내가 자주 많이 하는 생가이나 상상은 무엇인가?

▶ 나의 감정:
감정이란? 내 마음의 신호다. 내가 주로 느끼는 감정은(누구이고 어떤 상황인가)?

분노 감정 찾기

분노조절장애를 겪고 있는 사람들이 많다. 나의 분노 패턴을 알면 분노를조절하기가 수월하다. 분노가 올라오는 패턴을 찾아라.

마음을 돌아보는 시간이 필요하다. 내면에서 무슨 일이 일어나서 마음을 어지럽히는지 볼 수 있어야 한다. 그래야 분노와 미움이라는 감정의 노예로 휘둘리면서 살지 않는다. 마음을 다스리지 못하면 너무나 많은 시행착오를 겪으면서 좌충우돌할 수밖에 없다. 분노와 미움이 나의 마음을 해치고 관계를 망가뜨린다.

분노와 미움이 솟아오를 때 3초간 심호흡을 하고 가라앉히면 좋다. 그리고 분노가 어디서 오는 것인지를 살펴보라. 시커먼 어두움이 마음을 휘감지 않도록 조심해야 한다. 마음의 상태를 바꿀 수 있는 몸의 움직임을 하면 좋다. 긴장된 감정을 이완할 수 있는 여러 가지 스트레칭을 활용해보기를 바란다.

▶ 어떤 상황에서 화가 일어나는가?

▶ 어떤 사람을 만나면 화가 나오는가?

▶ 어떤 말을 들으면 속에서 화가 나오는가?

♣ 커뮤니케이션 역량 지표의 예시

- 명확하고 효율적으로 말하거나 쓸 수 있다.

- 상대방의 말을 경청하며 상대방의 메시지를 정확하게 이해하고 적합하게 반응한다.

- 불분명한 부분에 대해서는 질문을 하고, 쌍방향 의사소통을 선호한다.

- 언어와 톤, 스타일과 형식을 상대방의 눈높이에 맞춘다.

- 정보 공유에 대한 의지가 있고, 진행 경과를 주기적으로 나눈다.

〈출처: 스토리가 스펙을 이긴다〉

♣ 공감 대화법

공감하고 공감받을 때 서로는 존재로서 존중받는다. 공감 대화를 통해 친밀한 의사 소통을 할 수 있다.

1단계 : 나의 감정을 먼저 느낀다. 그리고 남의 감정을 느껴본다. 나의 감정을 나에게 평소에 자주 물어본다. 남의 감정도 물어본다.

2단계: 감정에 이름을 짓는다.

감정에 이름을 지으면 감정에 휘말리지 않는다.

3단계: 감정을 재구성해서 표현한다.

내가 느끼기에 이런 감정인 것 같은 데 너는 어떤지 물어본다. 이렇게 할 때 대화가 시작된다.

4 강점과 역량

청소년기는 진로를 탐색하는 시기다. 진로는 역량을 갖추는 것이다. 역량은 자기개념에서 시작한다. 자기개념이란 내가 나를 어떻게 생각하고 있는가? 를 말한다. 건강한 자기개념은 올바른 자기 이해에서 출발한다.

시대가 바뀌면서 직업보다 일의 개념이 드러나고 있다. 직업과 일이 따로 가지 않기 때문이다. 직업, 즉 자기 일을 선택할 때 고려해야 할 3가지가 있다. 직업 선택의 3가지 요건은 흥미, 성격, 적성이다.

흥미는 마음에 끌리는 분야로서 좋아하는 일이다. 하고 싶은 일로서 동기부여를 쉽게 받는다. 성격은 타고난 심리 성향으로 개인의 생각과 행동을 알 수 있다. 반복적인 심리 패턴을 알면 도움을 얻을 수 있다. 적성은 남다른 재능 능력이다. 잠재능력과 가능성에 관한 것이다. 적성은 현재 잘하는 일이고 성과 창출을 보인다.

에니어그램 성격을 이해하면서 나의 일을 찾는 데 활용할 수 있다. 4차산업혁명 시대를 살면서 인공지능과 경쟁을 해야 한다. 인간의 경쟁력은 곧 나 자신의 특질이자 강점이다. 나를 진정으로 이해할 때 나의 강점을 붙들 수 있다. 이 강점을 통해 나다움을 기초로 역량을 길러갈 수 있다. 그리하여 역량을 형성한 분야의 전문가가 되어 성공할 확률도 높아진다.

에니어그램 3가지 힘 중심이나 9가지 성격 특성과 어울리는 직업들이 있다. 그렇다고 직업을 선택할 때 모두 여기에 맞출 수는 없다. 각 사람은 같은 환경 속에서 살지 않기 때문이다. 에니어그램 힘 중심이 같고 번호가 같아도 진로는 다르게 간다. 자신이 처한 현실 속에서 진로를 찾아가기 때문이다. 나의 집안 사정이 다르고 자라온 환경이 다르고 부모님이 다르기 때문이다. 개인별 차이는 항상 존재한다. 머리형 7번은 모두가 같다고 여기는 것은 사람을 제대로 이해하는 데 어려움을 준다.

그렇다면 에니어그램을 진로에 어떻게 적용할 것인가? 장형이지만 지식을 많이 사용 하는 교육 분야에서 두각을 드러내는 사람들도 있다. 장형이 교육 분야로 갈 때 장형의 강점을 교육 분야에서 실행할 수 있다. 예를 들면 교육 프로그램 안에 몸으로 하는 활동을 만들고 지도할 수 있다.

가슴형이 교육 분야의 일을 한다면 공감 능력을 잘 발휘할 수 있다. 인간관계를 중요시하는 점을 잘 적용하면 유익을 얻을 수 있다.

머리형은 교육 분야에서 지식과 정보를 잘 활용할 수 있다. 이렇게 자신의 강점을 진로에 적용하면 좋다. 직업에서도 자신의 강점을 살린다면 더 큰 시너지 효과가 일어날 수 있다.

▶ 에니어그램 유형별 재능과 강점
1유형: 강점-〈솔선수범, 신의, 언행일치, 이상적인 사회구현〉
2유형: 강점-〈섬김과 사랑의 실천 능력〉
3유형: 강점-〈리더십과 관리능력〉
4유형: 강점-〈심미능, 창조성, 직관력〉
5유형: 강점-〈전문성, 논리적인 사고력, 분석력, 통찰력〉
6유형: 강점-〈책임감, 헌신, 성실, 인화〉
7유형: 강점-〈행복을 창조하는 능력, 긍정적 시각. 밝음, 뛰어난 발상력〉

8유형: 강점-〈카리스마, 실질적 직관력, 동기유발능력, 추진력〉

9유형: 강점-〈수용력과 포용력, 안정감, 인화, 섬김〉

▶ 나의 강점은 무엇이고 어디에 활용할 수 있을까?

역량

4차 산업혁명 시대는 새로운 직업이 많이 등장한다. 시대가 그만큼 복잡하고 다양하다는 의미다. 진로를 정할 때 일류대학을 가야 성공한다는 보장이 없다. 어느 전공을 선택해야 미래에 성공해야 하는지도 별 의미가 없다. 역량이 먼저 있어야 한다.

산업이 변화를 보인다. 기술의 발달로 개개인의 욕구를 섬세하게 파악해 상품화시키는 기술이 기업속에서 급속도로 발달하고 있다. 개인의 필요를 세심하게 챙기는 창업도 폭발적으로 늘어나고 있다.

4차 산업혁명 시대에 채용에서 무엇이 대세가 될 것인가? 학벌과 스펙 중심 채용은 이미 지나가고 있다. 블라인드 채용과 직무 중심 채용이 벌써 왔다. 그리하여 앞으로는 역량 중심의 채용을 한다.

현재를 살아가는 모두에게 필요한 7가지 역량이 있다. 역량의 사전적 의미는 어떤 일을 해낼 힘이다. 흔히 말하는 능력이나 실력과 비슷한 개념이다. 창의적 사고 역량, 자기 주도적 학습 역량, 자기 경영 역량, 의사소통 역량, 자아 성찰 역량, 공동체 역량, 융합형 인재 역량 7가지가 그것이다.

구글이 선호하는 직무 능력을 참고로 보면 좋겠다.

1. 빠른 학습 능력과 문제해결력 GCA(General Cognitive Ability)
2. 해당 분야 전문 지식
3. 리더십(타인의 성공에 기여)
4. 구글다움(googleyness): 근거 있는 열정(passion), 모호한 상황에서 길을 찾는 능력, 지적인 겸손(Intellectual humility)

KSA(knowledge, skill, attitude) 회사에서 요구하는 대표적인 직무 능력 6 가지는 다음과 같다.

1. 기술-손과 몸으로 표현할 수 있는 것
   (예) 문서작성 스킬, 커뮤니케이션 스킬
2. 지식-내가 알고 있는 것 (예) 다양한 이론, 개념, 프로세스
3. 가치관-'무엇을 중요하게 생각하느냐' 는 것
   (예) 직장과 가정생활의 균형 vs 사회에서의 성공
4. 자기 이미지-내가 자신을 어떻게 보느냐에 관한 것
    (예) 전문가, 코치, 교사, 리더, 변화전문가
5. 특질-상대적으로 지속적인 신체적, 인지적, 사회 심리적 특성
    (예) 패턴 인지, 자기통제, 감수성
6. 동기-거의 '무의식적인' 성, 권력동기, 친화동기, 성취동기

기술과 지식은 단기에 기를 수 있는 능력이다. 반면에 가치관, 자기 이미지, 특질과 동기는 시간이 걸려야 형성되는 능력이다. 가치관, 자기 이미지, 특질과 동기는 자기 이해를 통해 형성된다. 에니어그램을 통해 긍정적인 자기 이미지를 형성할 수 있다. 자기 이미지는 자신의 정체감과 비슷하다.

나의 이미지, 정체감, 성격이 다르다는 것을 먼저 이해해야 한다. 세상에 똑같은 성격이 없듯이 역량도 사람마다 다르다. 그래야 남이 좋아서 하는 일을 아무 생각 없이 덩달아 하려 들지 않기 때문이다.

나다움을 살리는 진로를 찾아가기를 바란다. 지금 당장 확실한 진로 설정이 안 되어 있어도 괜찮다. 100세 시대를 살고 있다. 일상에서 우연히 경험하는 일에서 진로의 씨가 뿌려질 수 있다. 사소한 꿈이라 하더라도 꿈꾸기를 포기하지 않는다면 언젠가 나의 진로를 발견할 수 있다. 그리고 진로를 위해 한 발짝씩 노력해 나가면 된다.

번호별 동기와 강점

에니어그램 성격 유형은 핵심 가치를 추구한다. 핵심 가치는 자신을 이해하는 강력한 무기이다. 그리고 핵심 가치는 동기를 유발한다. 번호별 동기와 강점을 알아보자.

1번 완벽주의자(The Perfectionist)는 개선하는 것이 동기가 된다.
강점은 예의 바름, 논리적 사고, 개선하기, 세심함, 책임감이다.

2번 조력가(The Helper)는 다른 사람들의 욕구를 충족시키는 것이 동기가 된다.강점은 표현력, 인간관계 스킬, 지각력, 문제해결 능력, 신뢰도

3번 성취가(The Achiever)는 성공적인 이미지를 획득하는 것이 동기가 된다.
강점은 동기유발 능력, 이기려는 욕망, 효율성, 문제해결, 홍보 기술

4번 낭만가(The Romantic)는 개성을 표현하는 것이 동기가 된다
강점은 분별력, 미적 감각, 연민, 상상력, 의미 추구

5번 관찰자(The Obserber)는 지식을 습득하는 것이 동기가 된다
강점은 집중 능력, 복합 사고능력, 객관성, 민감성, 독립적으로 일하기

6번 질문자(The Questioner)는 위험을 줄이는 것이 동기가 된다
강점은 비판적 사고, 정확성, 타인과 동일시, 회의주의, 예방하기

7번 모험가(The Adventurer)는 가능성을 탐색하는 것이 동기가 된다.
강점은 열정, 이상주의, 도전 추구하기, 관계 형성 네트워크, 정보 합성

8번 주장가(The Asserter)는 명확한 경계를 설정하는 것이 동기가 된다. 강점은 경쟁심, 리더십, 논리적 사고, 보호 의식, 자존감

9번 평화주의자(The Peace Seeker)는 내면의 평안을 유지하는 것이 동기가 된다. 강점은 반복 능력, 공감, 중재, 정보 합성, 팀워크

〈출처: 에니어그램 진로 경력 코칭(당신의 성격에 완벽하게 맞는 직업을 찾는 방법), Elizabeth Wagele/Ingrid Stabb〉

▶ 나는 어떤 유형인가?
 장형(8번, 9번, 1번)　　　가슴형(2번, 3번, 4번)　　　머리형(5번, 6번, 7번)

▶ 나의 타고난 성격의 강점은 무엇인가?

▶ 나는 무엇을 하고 싶은가?

▶ 내가 즐거워하는 일은 무엇인가?

♣ 쉬어가는 코너

▶ 2부를 마무리하면서 나에게 남는 생각은 무엇인가?

▶ 나에게 떠오르는 긍정적인 단어나 느낀 점은 무엇인가?

▶ 내가 생활 속에서 실천하고 싶은 점은 무엇인가?

3부. 발달 수준 이해하기

주 원: 안녕하세요! 에니어그램에 대해 많이 배워서 감사합니다. 아직도 더 알고 싶은 것들이 있어요.

에니샘: 그래, 주원아! 하나씩 물어보렴. 질문은 좋은 거야.

주 원: 에니어그램은 나를 전부 설명하고 있나요?

에니샘: 그건 아니란다. 에니어그램이 100% 나를 설명한다고 볼 수는 없어. 같은 번호와 같은 날개도 자라온 환경이나 유전에 따라 다를 수 있어. 게다가 가족도 다르고 나라나 사회마다 문화도 다르니 말이다. 대략 50% 정도 나를 설명한다고 보면 좋아.

주 원: 50% 정도요? 사실 나는 에니어그램을 통해 몰랐던 나에 대해 많이 알게 되었어요. 감사합니다. 2번이 1번보다 성격이 더 좋은 거죠?

에니샘: 에고, 주원아! 그렇게 이해하면 우리가 지금까지 시간과 에너지를 들여서 배운 것들이 모두 허사로 돌아간단다. 아는 것도 필요하지만 바르게 이해하고 실천하는 부분이 더 중요해.

주 원: 제가 뭘 잘 못 알고 있나요?

에니샘: 그렇단다. 번호는 중립적이란다. 열등하거나 우월한 번호는 없어. 번호 자체는 모두 평등한 선에 서 있어. 앞서고 뒤서고 하지 않고 같은 라

인에 서 있다는 말이지. 그래서 내 번호가 더 좋은 번호고 네 번호는 더 안 좋아. 이렇게 말하면 되겠니?

주 원: 안 돼요. 서로 다르다는 것을 인정하고 이해하라고 하셨잖아요.

에니샘: 맞아. 내가 잘 낫고 네가 못 낫고 말하는 것은 남에게 상처를 줄 뿐이야. 누구나 완전하지 않아. 다만 조금씩 변화를 위해 노력할 뿐이다. 남이 다르다는 것을 인정하고 받아들일 때 비로소 서로 진실한 친구가 될 수 있단다.

주 원: 잘 알겠습니다. 죄송합니다!

에니샘: 그래, 사람이 원래 잘난 체를 잘하지. 그러나 조심해야 한다. 남을 인정하지 않으면 나 또한 인정받지 못해. 반사효과 같은 것이지.

주 원: 저 좋은 친구를 만들고 싶어요.

에니샘: 그래, 사람은 신이 아니야. 내가 남에게 한만큼 친구도 반응해. 남을 인정하고 같이 가는 것이 결국 나에게도 유익이야. 안 그러면 혼자 외골수가 되어 고립할 수밖에 없어. 혼자는 누구도 행복하지 않지, 모든 것은 물 흐르듯이 흘러서 다시 나에게로 돌아온단다.

주 원: 네. 명심하겠습니다. 또 주의해야 할 것이 있나요?

에니샘: 있단다. 사람이 그렇게 단순하지는 않지. 내 마음대로 되는 사람이 아무도 없다는 걸 보면 알지. 그래서 주의사항이 있어. 일종의 그라운드 룰이지. 내가 설명할게.

그 사람의 번호가 사람의 인격까지 나타내지 않는다. 번호가 몇 번인가로 사람을 함부로 판단하지 마라. 에니어그램이 설명하는 것은 50%이다. 나머지 50%는 만나서 교제하며 알아가야 한다. 에니어그램으로 모든 것을 설명하려고 하면 오류에 빠진다.

에니어그램을 좀 안다고 다른 사람에게 '너는 이 번호'라고 단정 지어 말하지 않는다. 본인이 자신의 번호를 찾아가야 한다. 상처가 될 수 있다. 번호를 찾아가는 데 사람마다 여러 가지 이유로 바로 찾지 못할 수 있다. 번호를 못 찾는다고 나무라면 안 된다. 참고로 3번은 여러 번호를 돌아가면서 산다.

나와 남을 비교하고 정죄하거나 판단하는 데 사용해서는 안 된다. 자신과 남을 이해 하고 인간관계를 잘하기 위한 선한 목적으로 사용해야 한다. '난 원래 이래. 넌 원래 그래.'라고 방어하고 판단하기 위해 사용하지 않도록 주의해야 한다. 에니어그램을 안다고 변화되는 것이 아니라 삶에서 적용할 때 변화될 수 있다. 각 번호의 특성은 평상시보다 갈등이나 위기의 상황에서 확연하게 드러날 수 있다.

지나치면 모자란 것보다 못하다

코로나가 오기 이전에 수필을 배우러 다녔다. 수필 반 쉬는 시간에 블랙 커피를 마셨다. 아침부터 몸이 피곤해서 커피 양을 많이 넣었는데 맛이 너무 없었다. 쓴맛만 나서 입맛을 버렸다. 차라리 안 먹는 편이 나았을 것 같다.

커피가 맛있는데 필요한 것이 있다. 커피양과 물의 배합이 적절해야 한다. 그리고 물이 뜨거워야 커피의 그윽한 향이 더해진다. 컵이 좋아야 커피 맛이 좋다. 스테인리스스틸이나 플라스틱 컵보다는 두꺼운 머그잔이나 보온이 유지되는 텀블러가 더 낫다.

커피와 마찬가지로 에니어그램도 적당한 선까지 활용해야 한다. 모든 것을 에니어그램으로 풀고 해석하고 판단하는 어리석음을 주의해야 한다. 사람이 먼저고 에니어그램은 그다음이다. 에니어그램 힘 중심과 번호가 같아도 환경과 가족이 다르다. 에니어그램을 대략 절반 정도로 섞어서 이해해야 적당하다.

커피 한 잔이라도 그 맛을 잘 즐길 필요가 있다. 하루를 살아갈 에너지와 여유를 커피를 통해 얻기 때문이다. 마찬가지로 나와 타인을 이해할 때 에니어그램을 적당한 양만큼 넣어서 이해해야 한다. 그래야 에니어그램의 맛을 제대로 알고 누릴 수 있다.

▶ 에니어그램을 통해서 알게 된 나의 모습은 무엇인가?

1.

2.

3.

책에서 밑줄 친 부분을 중심으로 자신의 느낌을 적고 말해봅시다.

▶ 에니어그램을 통해서 발견한 나의 소중한 가치와 의미는 무엇인가?

1.

2.

3.

2 에니어그램 두 기둥

　에니어그램에는 커다란 두 기둥이 있다. 이 두 개의 기둥을 중심으로 에니어그램을 이해해야 제대로 나를 이해하고 남을 이해할 수 있다. 두 기둥을 알면 전체 그림을 쉽게 이해할 수 있다. 하나는 '나의 유형 번호'이고, 다른 하나는 '발달 수준'이다.

　9가지 유형 번호는 수평적이고, 발달 수준은 수직적이다. 2개 중 하나만 알면 절반만 안다고 볼 수 있다. 나를 이해하는 데 이 2가지를 동시에 알아야 하는 이유가 있다.

　1~9번까지의 번호는 그 사람의 심리적 성숙도까지 설명하지 않는다. 그래서 발달 수준에 따른 심리적 성숙도를 알아야 한다. 두 가지를 같이 알아야 나를 제대로 이해할 수 있다. 같은 1번이라 해도 심리적 성숙도가 어떤가에 따라서 그 사람은 다르게 말하고 행동한다.

　사장님이 두 분이 있는데 모두 1번이다. 분명히 번호는 같은 데 직원들을 대하는 태도가 다르다. A 사장님은 기본적인 원칙만 던져 주고 직원들의 의사를 인정한다. B 사장님은 자신의 기준과 원칙을 제시하고 목표를 달성하지 못할 때 직원들의 사소한 부분까지 간섭하면서 훈계를 계속 늘어놓는다.

나의 발달 수준이 어느 지점에 있느냐에 따라서 생각, 감정, 행동이 다르게 나타난다. 성숙하다는 것은 건강하다는 의미다. 건강의 사전적 의미는 이렇다. '정신적으로나 육체적으로 아무 탈이 없고 튼튼하다. 또는 그런 상태이다'.

사람을 5차원전면교육에서는 전인격적인 면인 지력, 심력, 체력, 자기 관리력, 인간관계력의 5가지 요소가 복합적으로 구성되어 있다고 본다. 즉, 몸과 마음의 건강을 동시에 포함하고 있다. 우울증이나 정서적인 무기력감에서 벗어나기 위해서는 몸을 움직여야 한다. 몸을 움직이고 운동을 하면 뇌의 도파민이 분비되어 우울을 줄여준다.

성숙과 미성숙에 관하여

'귀욤귀욤 하양 토끼의 하루'라는 카톡 이모티콘을 보면서 미성숙에 대해서 실감 나게 깨달았다. 이모티콘의 캐릭터가 '인성 쓰레기'라는 팻말을 들고 있다. 표정 관리도 안 되고 말도 막말을 바로 내뱉는다. 기분이 안 좋으면 "모야 왜 저래?"하고 말한다. 드러눕는 모습도 있고 뚱한 표정을 하고 있다. "미워어" 하면서 화를 막 내는 모습도 있다. "저놈을 매우 쳐라" 이런 이모티콘이 있는데 현대판 갑질이다. 하양 토끼는 미성숙한 사람이 하는 표정이나 말과 행동을 다 한다. "그럼 나는?" 이 말을 하는 하양 토끼의 중심은 바로 나다.

남이 어떻게 되든 내가 우선 편해야 한다. 참 황당한 이모티콘이라 뭐라 할 말이 없다. 이런 이모티콘을 받으면 기분이 어떨까.

하양 토끼뿐만 아니라 이런 사람들을 주위에서 흔하게 볼 수 있다. 남은 다 아는데 자신만 자신의 이기적인 모습을 모른다. 차마 말을 해주기가 어렵다. 받아들일 준비가 안 되어 있기 때문이다.

이런 미성숙한 자기중심적인 태도는 남에 대한 공감과 배려를 상실하게 만든다. 남을 공감하거나 배려하고 싶지도 않다. 남에게 별로 관심도 없다. 나와 친한 사람들과만 잘 지내면 된다. 공동체 의식이 없다. 공동체 의식이 있는 사람이 성숙한 사람이다. 공동체 의식이 있어야 성숙하다.

평소에 늘 냉소적으로 말하는 A 학생이 있었다. A 학생의 친구가 잘 보이지 않다가 모임에 참석한 것을 나는 보았다. 지나가는 길에 A를 만나게 되어 인사처럼 "네 친구가 왔더라."라고 말했더니 A가 "왜 오면 안 되나요?" 고 했다. 이 말을 듣는 순간 마음이 힘들었다. 이렇게 밖에 반응하지 못하는 A의 마음은 어떨까? 어떻게 보면 사소한 말의 차이이고 이런 반응을 보일 수 있겠다 싶지만, 마음은 커다란 차이 속에 살고 있다. 말은 그 사람의 심리적인 안정감과 성숙도를 보여준다. 마음이 삐딱하면 삐딱한 말과 행동이 나오기 마련이다. 삐딱한 말 한마디가 그 사람의 마음을 나타낸다. 어쩌면 그런 마음에는 행복이 자랄 수가 없다. 행복의 씨가 뿌려졌는데 그 싹을 냉소적인 말로 잘라 버린다. 말은 곧 마음 밭이다.

A는 다른 모임에서 사람을 신뢰할 수 없다고 말했다. A를 풀어서 이해하면 이렇다. 부모나 가족에 대한 신뢰를 잃었다. 그래서 선생님도 신뢰할 수 없다. 그래서 대화를 하면 교감이 된다기보다는 남을 밀어내는 말들을 한다. 사람을 신뢰하고 사랑을 받아들이기에는 본인의 상처가 깊다.

심리적인 성숙도는 환경적인 요인이 있다. 부모님의 영향이 심리적 성숙도의 수준과 연관이 있다. 집안이 힘들어서 마음이 힘든 경우가 있다. 매사에 부정적인 사람이 있다면 무엇의 영향을 받았는지 먼저 이해하자. 부정적인 말로 인한 상처가 있을 수 있다. 먼저 상처를 받았다는 것을 이해하고 받아들일 필요가 있다. 그래야 내가 나를 위로할 수 있기 때문이다.

상처받은 사람의 특성은 남의 호의를 거절하는 경우가 많다. 거절을 통해 자신이 받은 상처를 다시 남에게 돌려준다. 내가 많은 사람을 만나면서 발견한 공통점이다. 사실 호의는 본인의 필요를 채워주어 자신에게도 유익하다. 자신의 유익을 거절하면서 자신도 사랑하지 않는다. 악순환이다.

상처받은 사람은 사람들이 자신을 사랑하기 어렵게 만든다. 사람들은 상처받은 사람 곁에 머물지 않는다. 마음이 힘들기 때문이다. 그러면 상처 받은 사람은 자신을 거절하고 떠난다면서 다시 상처를 받는다. 이 상처는 나중에

호의를 주는 사람에게 거절로 갚는다.

상처받은 사람은 본인이 상처받았다는 솔직한 고백을 잘 못할 수도 있다. 자신이 상처받았다는 것을 인정하지 않을 때 상처의 영향력은 더 왜곡된 모습으로 나타난다. 상처받은 자의 딜레마다. 그래서 남에게 은연중에 더 많은 사랑을 요구하지만, 본인이 호의를 거부하면서 사람들을 떠나보낸다.

그리고 상처받은 사람은 본인만 안 좋은 가족을 만났고 불행하다고 여긴다. 나만 겪는 고통이라는 관점으로 모든 일을 바라본다. 본인만 그런 결핍 속에 사는 것 같다. 자신이 받은 은혜는 안 보이고 안 받은 것만 보인다.

상처받은 사람도 긍정적인 사람을 좋아하지만, 긍정적인 사람이 다가가기는 어렵다. 사람이 신이 아니기 때문이다. 신은 삐딱하게 아무리 많이 말하고 행동해도 제한 없이 받아 줄 수 있다. 사람은 다르다. 사람에게는 한계가 있다. 어느 수준 이상이 되면 이제는 받아줄 수가 없다. 마음을 닫는다. 이제는 상대하고 싶지 않다. 겉으로는 예의상 인사하고 지낼지 모르겠으나 친밀한 관계로 갈 수 없다.

가족으로 인한 상처의 쓴 뿌리를 마음속에 가득 담고 살면 어떻게 될까? 지금까지 그렇게 살아왔다 하더라도 아직 삶은 끝나지 않았다. 가족사의 어려움을 극복하고 자신을 성장시키는 사람들도 많다. 자신의 환경을 받아들이는 마음의 자세를 가졌기 때문이다. 평생 상처를 품고 인간관계를 한다면 꼬이고 잘 안 풀릴 수 있다. 마음을 열고 상처를 받아들이면 자유로워진다. 남의 말도 들어줄 수 있는 여유도 생긴다. 공감도 한다. 꼬이고 엉킨 실타래가 조금씩 풀리면서 살맛이 날 수 있다.

지금은 삐딱한 고개와 삐딱한 마음을 똑바로 세우기가 필요하다. 나에 대해 무슨 좋은 말을 해도 냉소적으로 반응한다면 마음의 밭을 살펴보아야 한다. 마음 밭에 돌과 자갈과 오물이 뒤섞여 있어서 좋은 씨가 자리를 못 잡을 수 있다.

마음 밭은 자아상(self image)이다. 자신이 자신의 역할이나 존재에 대하여 가지는 생각과 이미지다. 자아상이 안 좋으면 사람 사이로 잘 안 들어오고 혼자 고립한다. 자아상은 자존감과 비슷한데 자아상이 정서의 건강 상태를 드러낸다.

정서 상태의 건강성 기준은 혼자 고립하느냐 아니면 사람들 사이로 들어오느냐이다. 사람들 사이로 들어가고 나를 드러내면서 정서가 더 건강해진다. 자신에 대한 건강한 자아상이 없으면 사람들 속으로 들어오는 것을 힘들어한다. 혼자가 더 편해서 고립을 택하지만 결국 외로워서 정서 상태가 더 안 좋아진다. 인생을 어렵게 산다. 아마 본인도 본인이 왜 그렇게 힘들고 외롭게 사는지 모를 것이다.

사람은 비슷한 사람끼리 만난다. 비슷한 심리적 발달 수준인 사람들끼리 만난다. 이것은 어쩔 수가 없다. 반응을 하는 것은 본인이고 책임을 져야 하는 것도 본인이기 때문이다. 정말 놀라운 것은 삐딱한 사람 옆에 삐딱한 사람이 오게 된다. 내가 소스라치게 놀란 적이 있다. 친구 두 명의 DISC 테스트 결과를 보았는데 I의 점수가 똑같았다.

건강한 사람을 만나고 싶으면 나부터 건강해져야 한다. 왜 사람은 비슷한 사람끼리 만나서 어울릴까? 심은 대로 거두는 것이 자연의 이치이기 때문이 아닐까. 그래서 먼저 나의 인격 수준을 높여야 한다.

내가 건강하기 위해서는 마음 안에 있는 상처의 쓴 뿌리를 잘 해결해야 한다. 물론 혼자서 다 해결하기는 힘들다. 도울 사람과 방법을 찾아보라. 이 책이 도움을 주는 좋은 친구라면 좋겠다.

3 얼마나 발달했나요

번호별 성숙 수준

번호별 성숙 수준에서 성숙은 키나 몸보다는 심리적인 발달 수준을 말한다. 발달 수준은 1~9단계까지로 나눈다. 1~3단계는 건강한 범위이다. 각 유형의 장점을 나타낸다. 장형, 가슴형, 머리형을 순환하며 모두 사용해서 균형 잡힌 모습을 보인다.

4~6단계는 평균 범위이다. 그 유형의 평균적 행동이고 우리가 가장 자주 발견되는 상태이다. 관계에서 갈등이 발생하는 상태다.

7~9단계는 불건강한 범위이다. 그 유형의 기능 장애 상태다. 하위 단계는 치료가 필요하다. 다른 사람의 도움으로 회복을 해야 하는 상태다.

9개의 발달 수준 중 나의 레벨 위치가 어디에 있는지 확인한다. 나의 레벨을 제대로 알 때 거기서부터 성숙을 위한 한 걸음을 시작할 수 있다. 나의 심리적 상태를 객관적으로 보면서 나는 어떻게 반응해야 할까?

"나 아니야." "나는 아무 데도 없어." "그래서 어쨌다고."

"음…. 나도 이래." "이래서 이랬구나."

마음을 열고 좋은 씨를 뿌려서 좋은 열매를 맺는 건 어떨까.

● 지도자: 8번 유형

- 좋은 상태

단도직입적이다. 권위가 있다. 성실하다. 정력적이다. 허세를 부리지 않는다. 사람을 감싼다. 자신감을 느끼고 있다.

- 나쁜 상태

타인을 조종하려 한다. 반항적이다. 둔감하다. 오만하다. 자기중심적이다. 회의적이다. 억지를 부린다.

	레벨1: 아량이 큰 영웅	자제
건강	레벨2: 자신감이 있는 사람	자신감
	레벨3: 건설적인 지도자	영향력
	레벨4: 사업적 모험가	자부심
평균	레벨5: 지배적인 권력 브로커	힘찬 자세
	레벨6: 대결적인 적수	위협
	레벨7: 무자비한 폭군	무자비함
불건강	레벨8: 전능한 과대망상증 환자	무모함
	레벨9: 폭력적 파괴 분자	파괴성

나의 성숙 레벨 위치는 어디인가요? 이유는 무엇인가요?

● 평화주의자: 9번 유형

- 좋은 상태

붙임성이 있다. 온순하다. 마음이 넓다. 인내심이 강하다. 넓게 받아들인다. 소홀함이 없다. 편견이 없다. 타인의 처지에서 생각한다.

- 나쁜 상태

현실적인 대처를 못한다. 무관심하다. 옹고집을 부린다. 강박관념에 사로잡힌다. 둔감하다. 소극적이고 수동적인 행동으로 저항한다. 선악으로 판단하기 쉽다. 마음이 연약하다. 나태하다.

건강	레벨1: 침착한 사람	자율성
	레벨2: 민감한(수용적인) 사람	자의식 없음
	레벨3: 지원하는 사람	지원
평균	레벨4: 자기 조절이 가능한 역할 담당자	자가부정
	레벨5: 수동적으로 한가한 (자유로운) 사람	수동성
	레벨6: 체념한 숙명론자	숙명론
불건강	레벨7: 태만한 사람	태만
	레벨8: 분리해서 생각하는 사람	분리
	레벨9: 자포자기하는 사람	자포자기

나의 성숙 레벨 위치는 어디인가요? 이유는 무엇인가요?

- **개혁자: 1번**
- 좋은 상태

도덕적이다. 신뢰할 수 있다. 건설적이다. 똑똑하다. 이상주의적인 사고를 하고 공정하다. 정직하다. 자제력이 있다.

- 나쁜 상태

선악을 기준으로 판단하기 쉽다. 완고하다. 독선적이다. 강박관념에 시달린다. 흠잡기를 좋아한다. 지나치게 꼼꼼하다. 걱정이 많다. 질투가 심하다.

	레벨1: 현명한 현실주의자	관용
건강	레벨2: 합리적인 사람	합리성
	레벨3: 원칙이 선 교사	객관성
평균	레벨4: 이상주의적 개혁가	이상주의
	레벨5: 질서정연한 사람	엄격한 논리
	레벨6: 판단적 완전주의자	완전주의
불건강	레벨7: 불관용적인 사람	불관용
	레벨8: 강박관념적 위선자	강박관념
	레벨9: 벌주는 복수자	벌줌

나의 성숙 레벨 위치는 어디인가요? 이유는 무엇인가요?

● 협조자: 2번

- 좋은 상태

정이 많다. 사람을 잘 돌본다. 적응력이 뛰어나다. 직관력이 뛰어나다. 마음이 넓다. 매사에 열중한다. 사람들의 기분을 이해한다. 관계 중심적이다.

	레벨1: 사심 없는 이타주의자	사심없음
건강	레벨2: 돌보는 사람	감정이입
	레벨3: 키위주는 협조자	관대함
평균	레벨4: 감정표현을 거창하게 하는 친구	아부
	레벨5: 소유욕이 강한 '친밀한' 사람	소유욕
	레벨6: 젠체하는 '성자'	자기희생
불건강	레벨7: 자기기만적 '조작꾼'	조작
	레벨8: 강압적 지배자	강압
	레벨9: 정신신체적 피해자	피해의식

-나쁜 상태

순교자처럼 행동한다. 돌려서 표현한다. 사람을 조종한다. 독점하려 한다. 히스테리가 심하다. 남이 시키는 대로 한다. 감정을 너무 드러낸다. 논리적이지 못하다.

나의 성숙 레벨 위치는 어디인가요? 이유는 무엇인가요?

• 동기부여자: 3번

- 좋은 상태

낙관적이다. 자신감에 넘쳐 있다. 근면하다. 유능하다. 자신의 힘으로 일을 추진한다. 정력적이다. 실질적이다. 성취 지향적이고 목적 지향적이다.

- 나쁜 상태

신뢰할 수 없다. 자아도취에 빠진다. 잘난 척한다. 자만한다. 천박하다. 심술궂다. 지나친 경쟁의식을 갖는다. 실패를 극도로 두려워한다.

	레벨1: 진정한 사람	내적지향성
건강	레벨2: 확신있는 사람	적응성
	레벨3: 뛰어난 모범	야심
	레벨4: 경쟁적 지위추구자	경쟁심
평균	레벨5: 이미지 지향적 실용주의자	이미지 투사
	레벨6: 자기촉진적 나르시스트	경멸적 태도
	레벨7: 착취적 기회주의자	기회주의
불건강	레벨8: 악의적 배신자	이중성
	레벨9: 복수심 있는 정신병자	복수심

나의 성숙 레벨 위치는 어디인가요? 이유는 무엇인가요?

• 예술인: 4번

- 좋은 상태

마음이 따듯하다. 이해심이 많다. 자기 성찰이 뛰어나다. 표현력이 풍부하다. 독창력이 뛰어나다. 직관적이다. 사람들을 뒷받침하고 격려한다. 세련됐다.

- 나쁜 상태

의기소침해진다. 자의식이 너무 강하다. 죄책감에 사로잡힌다. 도덕을 내세운다. 움츠러든다. 너무 내성적이다. 옹고집을 부리거나 변덕스럽다. 너무 깊은 생각에 잠긴다. 질투심과 복수심이 강하다.

건강	레벨1: 영감 있는 창작자	창의성
	레벨2: 자신감 있는 직관자	자신감
	레벨3: 자기 계시적 개성인	개성
평균	레벨4: 상상력이 풍부한 예술가	환상
	레벨5: 자기도취적 내성적 성격	자의식
	레벨6: 방종적인 심미주의자	면제
불건강	레벨7: 소외된 우울증	자기억제
	레벨8: 정서적으로 고통받는 사람	자기학대
	레벨9: 자기파괴적인 사람	자기파괴성

나의 성숙 레벨 위치는 어디인가요? 이유는 무엇인가요?

● **생각이 많은 사람: 5번**

- 좋은 상태

분석적이다. 끈기가 있다. 예민하다. 표현력이 풍부하다. 현명하다. 직관적이다. 객관적이다. 통찰력이 예리하다.

- 나쁜 상태

지적인 면에서 오만하다. 내놓기를 아까워한다. 옹고집, 도덕을 내세운다. 쌀쌀맞다. 옹고집을 부리거나 변덕스럽다. 흠잡기를 좋아한다. 내성적이다.

건강	레벨1: 선구자적 환상가	이해심
	레벨2: 지각있는 관찰자	개입
	레벨3: 지식 풍부한 전문가	전문성
평균	레벨4: 분석적 전문가	분석
	레벨5: 강력하게 개입하는 이론가	선입관
	레벨6: 극단적 환원주의자	환원주의
불건강	레벨7: 고립된 허무주의자	거부
	레벨8: 기만적 정신분열증 환자	왜곡
	레벨9: 공허한 정신분열증 환자	혼란스런 행동

나의 성숙 레벨 위치는 어디인가요? 이유는 무엇인가요?

• **충실한 사람: 6번**

- 좋은 상태

충실하다. 남들에게 호감을 준다. 마음이 따뜻하다. 정이 많다. 실질적이다. 남들을 잘 도와준다. 책임감이 있다.

- 나쁜 상태

경계심이 지나치게 많다. 타인을 조종하려 한다. 무슨 일을 저지를지 모른다. 선악으로 판단하기 쉽다. 피해망상적이다. 자신을 지나치게 방어한다.

화를 잘 낸다.

건강	레벨1: 자기 긍정적인 사람	자기긍정
	레벨2: 현실 참여적인 사람	현실참여
	레벨3: 헌신적인 충성가	협력
평균	레벨4: 순종적 전통주의자	순종
	레벨5: 엇갈리는(양가적인) 사람	회피
	레벨6: 과잉보상적 '터프가이'	방어자세
불건강	레벨7: 불안정한 사람	열등감
	레벨8: 과잉반응적 히스테리	과잉반응
	레벨9: 자기패배적 매저키스트	매저키즘

나의 성숙 레벨 위치는 어디인가요? 이유는 무엇인가요?

- **팔방미인: 7번**
- 좋은 상태

즐거운 일들을 좋아한다. 자주성이 있다. 상상력이 풍부하다. 열중한다. 건설적이다. 신속하다. 자신감에 넘쳐 있다. 매력적이다. 호기심이 왕성하다.
- 나쁜 상태

자기 자신에 도취한다. 충동적이다. 어느 하나에 집중하지 못한다. 반항적이다. 자제력을 잃어버린다. 독점하려고 한다. 광적인 상태에 빠진다. 자신에 대해 파괴적이다. 안정감을 상실한다.

	레벨1: 황홀하게 감사하는 사람	감사함
건강	레벨2: 행복한 열성가	열성
	레벨3: 성취한 일반론자	생산성
	레벨4: 경험 풍부한 세련주의자	습득욕망
평균	레벨5: 지나치게 행동적인 외향적인 사람	추진성
	레벨6: 과도한 물질주의자	과도성
	레벨7: 충동적 도피주의자	방탕
불건강	레벨8: 광적인 강박충동	강박충동
	레벨9: 공황에 휩쓸린 히스테리 환자	히스테리

나의 성숙 레벨 위치는 어디인가요? 이유는 무엇인가요?

4 성숙을 위한 걸음

'내가 7번으로 태어난 것이 원망스럽다.' '내가 가슴형으로 태어나서 늘 사람의 관심과 인정으로 괴로워서 너무 싫다. 차라리 머리형이 초연하니 더 낫지 않았을까. 장형은 건 강하고 강해 보이는 데 장형으로 태어났으면 이렇게 소심하게 마음을 졸이면서 살지 않아도 될텐데...' 이런 많은 생각이 꼬리에 꼬리를 물고 이어진다.

그러나 신은 공평하시다. 우리 주변에서 머리형이지만 충동에 이끌려 사는 사람을 볼 수가 있다. 가슴형이지만 자기 관리가 잘 돼서 인간관계에 매이지 않는 사람을 볼 수 있다. 장형이지만 훌륭하고 존경받는 사장들이 많다. 이것은 발달 수준으로 설명할 수 있다. 성경에는 요셉과 솔로몬이 나온다. 동시대는 아니지만, 이들의 삶을 관찰해보면 발달 수준의 차이를 이해할 수 있다.

요셉은 불행한 가정환경과 난관 속에서 이집트의 국무총리가 된다. 요셉은 가슴형 4번이었다. 4번이 국무총리가 되어 지도력을 성공적으로 수행했다. 요셉의 발달 수준이 높았기 때문이다. 솔로몬은 유대의 왕이었다. 지혜를 구하면서 시작은 좋았으나 끝은 좋지 않았다. 많은 첩을 거느리면서 백성들에게 과중한 짐을 지웠다. 결국 솔로몬 이후에 나라가 갈라지게된다. 솔로몬은 머리형 7번이었다. 솔로몬의 발달 수준이 낮았다고 짐작할 수 있다.

"전 변하고 싶어요. 3번인데 5번의 특성이 너무 부러워서 그렇게 되고 싶다고요." 발달 수준을 어떻게 성장시킬 수 있을까? 타고난 번호는 바꿀 수가 없다. 번호를 안 바꾸고 나의 심리 성숙도 수준을 높이면 된다. 3번 안에만 머물지 않고 과감히 5번의 강점을 끌어다 쓸 힘과 에너지 즉, 심리적인 안정감이 있으면 된다. 지독하고 비참한 환경에서 자랐지만 잘 자란 사람들의 예를 많이 본다. 그 반대의 예도 많이 본다. 부유하고 편안한 환경에서 자랐지만 비참한 삶을 사는 사람들의 이야기를말이다.

지금 나의 상태에 대한 책임은 누구에게 있는 것일까? 결국 내가 이 결과를 떠안고 오늘을 살고 있어서 책임의 값을 치르고 있다. 내가 나를 부정이 아닌 긍정의 자리로 옮기는 노력을 해왔다면 어떨까? 지금까지 부정의 영향을 더 믿고 신뢰하면서 살아왔는지 긍정의 영향을 더 믿고 신뢰하면서 살아왔는지 돌아보자.

코로나19로 인해 세상이 여러 가지로 어렵다. 어떤 사람은 계속 부정적인 말을 반복한다. '일도 없어지고, 더 심해지고, 백신 접종도 어렵고. 오랫동안 계속될 거야.' 가뜩이나 마음이 어려운 데 이런 사람을 만나면 어떤가?' 조금 더 견디면 괜찮아 그리고 지나치게 남을 의식하는 사람도 있다. 자존심만 남아서 '이걸 내가 어떻게 해.' 이러다가 뜻대로 안 되면 분노한다. 남이 나보다 더 많이 가진 것 같아서 비교하고 욕망을 꿈꾼다. 그러다가 현실의 무거운 벽을 만나서 두려워한다.

두려움은 슬픔을 낳고 무기력해진다. '이게 다 그때 안 해서 그렇게 된 거야.'라는 죄의식에 빠진다. 그리고 나에 대한 수치심으로 방에 틀어박힌다. 정서 상태의 건강성을 알 수 있는 기준은 고립하느냐 아니면 사람들 사이로 들어오느냐이다. 사람들 사이로 들어가고 나를 드러내면서 정서가 건강해진다. 자아상은 자존감과 비슷한데 자아상이 정서의 건강 상태를 드러낸다. 자신에 대한 자신감이 없으면 사람들 속으로 들어오는 것을 힘들어한다. 그래서 혼자가 더 편해서 그쪽을 택하지만 결국 외로워서 정서 상태가 더 안 좋아진다.

마음이 병들었거나 부정적인 사람은 공동체를 떠나서 사람들 사이로 들어오지 않고 홀로 방황한다. 부정을 긍정의 힘으로 끌어올리는 사람도 있다. 자존심은 상하지만 눈 딱 감고 '이 일을 해봐야지.' 그런 시도를 통해 용기를 얻는다. 세상은 나쁜 것만 있는 것이 아니라 좋은 것도 있다는 것을 깨닫는다. 나쁜 사람도 있지만 좋은 사람도 있음을 경험한다. 자발적으로 모두 싫어하는 일을 해본다. 그러면서 남을 좀 더 포용한다. 감정의 기복으로 물결치고 바닥을 칠 때 이성적으로 정신을 차려본다. 밉지만 한번 용서하고 사랑하기로 마음을 먹는다.

내가 희생해야 하지만 사랑하기 때문에 좀 참는다. 사랑하면서 고통도 있지만 기쁨을 누린다. 마침내는 평화가 드디어 온다. 순간순간 사랑과 평화를 지키기 위한 노력을 해나 간다. 나는 어떠한 상태에 있는지 스스로 질문을 하고 답을 해보라. '지금 어렵지만 참다 보면 좋아지는 날도 오겠지. 하늘이 무너져도 솟아날 구멍이 있어.' 이렇게 말하다가도 마음이 언다. 마치 봄이 안 오고 꽁꽁 어는 겨울이 계속될까 봐 마음이 어둡다. 남의 부정적인 말을 들어도 더 힘들어지는 데 내가 나에게 부정의 힘을 매일같이 부어 넣으면 어떻게 될까.

아버지가 보내주신 고구마가 썩었다. 아버지께서 뜨뜻한 곳에 두라고 하셨으나 그냥 방치했다. 그랬더니 금방 썩었다. 감자가 잘 안 썩어서 아버지의 말씀을 대충 흘러들었다. 고구마와 감자는 달랐다. 고구마가 잘 유지될 수 있는 따뜻한 환경이 필요했다. 이 필요가 채워지지 않았을 때 고구마는 쓰레기통으로 들어갈 수밖에 없다. 맛있는 고구마를 먹으리라는 기대가 깨졌다.

고구마도 적합한 필요 환경이 있다. 에니어그램의 각 번호도 특성에 잘 맞추면서 가야 한다. 안 그러면 관계가 깨진다. 우선 관계가 유지될 때 서로가 유익을 얻고 즐거움도 누린다. 모든 사람들은 각자에 맞는 스타일이 있다. 그것을 존중할 때 같이 오래갈 수 있다. 그러기 위해서는 나를 알고 타인의 취향을 알아야 한다.

회복탄력성

존경하는 이재천 목사님은 인생이 어렵다고 하셨다. 이유는 인생의 라운드는 계속되고 1리운드에서 이겼다고 2리운드에서 이기리라는 보장이 없기 때문이다. 그렇다면 처절하게 실패했을 때 과연 무엇을 어떻게 해야 할까? 가까스로 또는 완전히 승리했을 때 무엇을 어떻게 해야 할까? 인생의 라운드가 계속 기다리고 있기 때문이다.

회복탄력성을 회복해야 한다. 회복탄력성이란 실패나 부정적인 상황을 극복하고 원래의 안정된 심리적 상태를 되찾는 성질이나 능력이다. 어려움을 참고 이겨내는 마음의 힘을 키워야 한다. 그리고 매일 조금씩 천천히 해야 할 리스트를 계속해나가야 한다.

회복탄력성은 마음의 힘을 길러야 한다. 마음의 힘은 곧 심력이다. 5차원교육은 지력, 심력, 체력, 자기관리력, 인간관계력의 5가지 요소를 골고루 회복시킨다. 요즘 교육에서 부르짖는 역량에는 회복탄력성이 기초가 되어야 한다. 역량은 곧 실력이라고 할 수 있다. 실력은 하루아침에 자고 일어나면 완성되는 것이 아니다. 매일 천천히 포기하지 않고 훈련해나갈 때 비로소 조금씩 쌓인다. 실력을 쌓기 위해서는 인내와 끈기가 필요하다. 그래서 기술보다 더 어려운 부분이기도 하다.

단지 성적이 아닌 실력을 어떻게 키울 수 있을까? 5차원교육은 인간을 단면이 아닌 지력, 심력, 체력, 자기관리력, 인간관계력의 전면으로 이해한다. 그리하여 단지 성적이 아닌 실력을 키우는 다이아몬드 칼라 인재 양성에 목표를 두고 있다. 5차원교육은 4차산업혁명 시대에 필요한 인성과 실력을 겸비한 창조적인 미래 인재 양성에 대안이 될 수 있다. 필자는 5차원교육을 직접 경험하였기에 5차원교육이 회복탄력성과 실력을 키우는 교육의 희망이라고 말할 수 있다.

▶ 성숙을 위한 과제

나는 어떠한 상태에 있는지 스스로 질문을 하고 답을 해 보라.
나는 어떤 과제가 필요한지 스스로 질문을 하고 답을 해 보라.

• 1번 과제: 자기 수용, 타인 수용, 성급한 판단중지, 여유, 사랑, 지나친 자기 억제로부터의 자유로움, 자족, 중용(다양한 시각 인정), 자신의 감정인식과 표현, 공감 능력, 타인에 대한 존중과 배려, 객관성

• 2번 과제: 진실한 사랑, 자신의 삶에 대한 주체성, 담대함, 자기주장(당당함), 내면 성찰, 자기 욕구 존중, 객관성, 진지함, 타인의 경계선 존중

• 3번 과제: 진실(자신과 다른 사람 앞에서 있는 그대로의 자기 자신이 되기), 사람과 조직에 대한 헌신, 일관성, 원칙, 진정한 자신감, 충성심, 인화, 심오함, 자신의 감정인식과 표현, 공감 능력, 타인에 대한 존중과 배려, 사랑

• 4번 과제: 현존하기(현실에 뿌리내리기, 과거나 미래로 안 가기), 객관성, 현재의 자신에 대한 수용과 재능 인정, 비교하여 부러워하지 않기, 만족, 감사, 감정에 빠져들지 말고 이를 적절하게 다루기, 사랑의 실천, 책임감

- 5번 과제: 실천적 지혜(결단하고 현실에 뛰어들어 체험하기), 지나친 생각의 세계에서 빠져나오기, 자신의 감정인식과 적극적 표현 및 타인과의 적극적 감정 교류(공감), 사회성, 적극성, 사랑의 실천, 여유

- 6번 과제: 자기 확신, 용기, 자신의 삶에 대한 주도성, 긍정적 시각, 담대함, 결단력, 모험심, 여유, 중용, 적극성, 여러모로 상황을 파악해 보기

- 7번 과제: 현실 속에서의 깊이 있는 체험, 자기 직면(합리화하지 않기), 집중력, 우선순위, 선택, 책임감, 헌신, 인내심, 진지함, 심오함, 자신의 깊이 있는 감정인식, 공감 능력, 타인에 대한 진정한 배려

- 8번 과제: 자신에 대한 통제력과 절제, 관대함, 생각하고 행동하기, 객관성, 온유, 수용, 사랑, 중용(다양한 시각 인정), 자신의 감정인식과 표현, 공감 능력, 타인에 대한 존중과 배려

- 9번 과제: 현존하기, 자신의 삶에 대한 주체성과 책임 의식, 결단과 선택, 자기 존중, 자기 확신, 목표 의식, 우선순위 선별하기, 추진력, 적극성

▶ 실천하기

에니어그램 번호가 인격의 성숙도까지 나타내지 않는다. 에니어그램에서 발달 수준은 일을 잘하는 수준이 아니라 성품의 수준이다. 쉽게 말하면 얼마나 타인을 품고 이해할 수 있느냐는 마음의 크기와 관련되어 있다.

내가 원하는 지점은 어디인가?

1수준

2수준

3수준

4수준

5수준

6수준

7, 8, 9 수준

▶ 성장을 위해 나는 무엇을 실천해야 할까?

▶ 오늘 당장 실천할 수 있는 한 가지를 적어보라.

♣ 쉬어가는 코너

▶ 3부를 마무리하면서 나에게 남는 생각은 무엇인가?

▶ 나에게 떠오르는 긍정적인 단어나 느낀 점은 무엇인가?

▶ 내가 생활 속에서 실천하고 싶은 점은 무엇인가?

4부. 변화와 성장을 향하여

'노끈 한오라기(모파상)' 글을 읽고 독서 토론을 했다. 고데르빌 마을에 오 슈코른 영감이 노끈 한오라기를 시장에서 주웠다. 오슈코른 영감은 이 행동 으로 지갑을 훔쳤다고 마을 사람들에게 오해를 받게 된다. 오슈코른 영감이 훔쳤다는 증거가 드러나지 않았다. 곧 다른 사람이 그 지갑을 주워서 돌려 준다. 그 이후에도 계속 마을 사람들은 오슈코른 영감을 죄인 취급한다. 오 슈코른 영감은 자신의 결백을 만나는 사람에게 시도 때도 없이 주장한다. 그런데도 오슈코른 영감은 동네 사람들의 멸시와 냉대를 받았다.

  결국 오슈코른 영감은 '나는 훔치지 않았어'라는 헛소리를 하면서 죽게 된 다. 오슈코른 영감이 계속 자신의 결백을 주장한 모습이 옳은가? 그른가? 에 대한 찬반 토론을 돌아가면서 했다. 그리고 문제해결을 수강생들이 제시 했다. 한 선생님이 자신을 믿어줄 한 사람을 만들어야 한다고 대책을 제시 했다. 그렇다. 누구에게나 사람은 자신을 믿어줄 단 한 사람이 필요하다. 마을에는 영감을 믿어주는 단 한 사람이 없었다. 그래서 죽음으로 끝나게 된다.

  나에게는 나를 믿어 줄 한 사람이 있는가? 안타깝게도 우리는 지금 개인주의 사회를 살고 있다. 혼족이 유행되다가 이제는 가구 형태 중 1인 가구가 다수 비중을 차지하고있다. 시대 변화로 인한 사회의 단면인데 고독사도 일어나고 있다. 단 한 명의 믿어주는 사람이 없어서 너무나 많은 불행한 일들이 사건과 사고로 일어난다.

우리는 가슴을 쓸어내리면서 뉴스를 들을 수밖에 없다. 정작 나조차도 한 사람이 없는 외로운 존재일 가능성이 크다. 그럴 때 어떻게 해야 할까? 내가 나를 믿어주는 방법이 있다. 내가 나의 마음을 다독여 주고 찢기고 아픈 감정을 받아준다. 토닥토닥해주면서 미소를 나에게 던진다. 이게 가능할 수 있으려면 나에 대한 믿음과 자신감을 붙들어야 한다. 그렇다면 나에 대한 믿음과 자신감은 어디서부터 올까.

'진짜 나'를 알고 이해하면서 나를 있는 모습 그대로 보듬어 안을 때다. '진짜 나'는 남에게 보이려는 겉모습이 아닌 속마음에 대해 말한다. " 너는 소중해. 너는 특별해, 너만의 본성이 있어. 너만의 재능이 있어. 네 인생을 행한 놀라운 비전이 있어." 청소년에게 이 말을 해주고 싶다. 나를 잃어버리고 남을 바라보면서 자신의 꿈을 잃고 그냥 스마트폰 속에서 시간을 죽이면서 사는 청소년이 안타깝다.

자신의 소중함을 잃어버린 시대를 살고 있다. 내가 하찮은 존재라고 여겨져서 아무것도 하기 싫을 때 어떻게 해야 할까. 그래도 나를 사랑해 주는 한 명을 떠올려야 한다. 그리고 '나는 사랑받는 존재이다.'라고 자신에게 말한다. 이 존재감이 나를 살리고 살 힘을 준다.

자연주의를 지향하는 건축가 가우디는 그 명성을 시기하는 사람들의 비평을 많이 듣게 되었다. 그의 제자가 비평 글을 보면서 흥분할 때 그는 너털웃음을 웃으면서 말했다.

"나도 처음에는 그런 글을 보고 3일간 잠을 못 자고 고민에 빠졌지. 그러나 이제 그러지 않아. 왜냐하면 내가 독특하기에 당연히 있는 일이라고 생각해." 그는 마치 초월한 표정과 목소리로 이렇게 대답했다.

나를 돌아보기

열심히 노력해서 잘 살고 싶은데 모든 것을 꼬이게 만드는 나만의 약점이 있다. 사실 이 약점은 헛된 고생을 만든다. 에니어그램을 통해 자기기억과 자기관찰을 해 나가자. '아, 내가 이렇게 하고 있구나, 그래서 이것을 다스려야 하겠다.'라고 나를 돌아보자.

모파상의 '목걸이'에 나오는 주인공 마틸드는 진주 목걸이가 진짜인 줄 알고 그것을 갚기 위해서 일생을 바친다. 그러다 결국 가짜임을 알게 된다. 이것처럼 나는 붙들고 살지만 결국 의미가 없을 수 있다. 즉 나는 모르지만 남은 알고 있는 나의 약점이나 단점이다. 솔직히 주위의 사람들을 보면서 '저 사람은 저것만 좀 바꾸면 좋을 텐데'라고 할 때가 있다. 그러나 정작 자신은 자신이 빠지는 함정을 모른다.

1번의 예를 들면 1번은 말의 억양과 톤이 좀 높은 편이다. 말을 직선적으로 하는 장형의 성격과 맞물려서 센 어감을 준다. 그럴 때 사람까지 너무 센 사람으로 여겨진다. 게다가 1번은 완벽주의를 지향하기에 자신의 기준으로 남을 평가하기가 쉽다. 1번이 공동체의 지도자일 때는 이런 현상이 심할 수 있다. 마음이 여린 사람은 1번으로 인해 힘들 수 있다.

1번이 톤과 억양을 조금만 더 부드럽게 한다면 원활한 인간관계에 도움을 받을 수 있다. 사실 1번만 이런 약점이 있는 것은 아니다. 8번은 분노가 타인의 정서를 힘들게 할 수 있다. 9번은 좋고 올바른 것에 대한 기준이 애매하다. 2번은 지나친 관심과 배려가 부담을 줄 수 있다. 3번은 자신의 생각을 남에게 강요할 수 있다. 4번은 우울 감정이 불안감을 일으킬 수 있다. 5번은 거리감을 준다. 6번은 조바심과 간섭이 많다. 7번은 남의 말을 잘 안 듣는다. 번호마다 하나씩은 반드시 있다. 이 책을 읽는 1번은 오해가 없길 바란다.

약점을 잘 고치면서 가려면 남의 말도 들을 줄 알아야 한다. 일단 들어야 한다. 그다음에 마음에 깨달음이 오면 바꿔야 한다. 듣는 것도 안 한다면 해결책이 없다. 본래 사람은 남으로부터 자신의 단점에 관해 듣는 것을 힘들어한다. 그러나 그런 고통조차 감내한다면 내가 더 나아질 수 있다. 사서 고생을 안 할 수 있다. 여러 가지 정보를 받아들이지 못하게 만드는 고정 관념이나 편견이 나를 사로잡고 있는지 돌아보아야 한다. 사람에게는 누구나 자신만의 틀이 있다. 좀 더 열린 마음 자세가 필요하다. 이런 고정관념이나 편견이 소통을 막고 불통이라는 오명을 쓸 수도 있다.

간혹 이렇게 말하는 어르신들이 있다. '전에 그랬던 적이 한 번도 없었다.' 그런데 결국 그 일은 현실에서 터졌다. 이런 사태를 막기 위해 주의를 기울여야 함을 말했을 때 말을 안 들었다. 결과는 한 번도 없었던 일이 일어난 것이다. 결국 본인이 모든 것을 해결하고 비용을 지불하고 처리해야 한다.

받아들이기

나에게 약점이나 단점이 있음을 인정하고 돌아보는 자세는 중요하다. 사실 다른 사람은 다 느끼고 알고 있는 약점인 경우가 많다. 여러 번 들었을 수도 있다. 그러나 본인이 받아들이지 않을 가능성이 크다. 나에게 물론 약점이 있지만, 그것 또한 나의 모습 중 일부이다. 그러나 나의 전체는 아니다.

비바람이 불어서 책이 좀 젖었으나 내용을 보는 데는 아무 지장이 없다. 시간이 조금 더 흐르면 빗물 얼룩도 엷어진다. 그러나 마음은 자꾸 비로 젖은 얼룩에 가 있다. 살다가 험난한 일과 사람을 만나 상처를 입을 수 있다. 그래도 사는 데는 별 지장이 없다. 나의 일부분만 상처로 얼룩졌기 때문이다. 그런데 상처만 묵상하면서 오늘을 살지 못한다면 어떻게 될까? 거울 속의 나의 얼굴을 볼 때도 그렇다. 여러 부분 중에 유독 자신 없고 못생겼다고 생각하는 곳만 집중해서 본다. 사실 미소 한방이면 얼굴의 못생긴 부분이 다 가려진다.

머리에서 가슴으로 내려와 입가에 미소를 짓고 나를 바라보기가 왜 이리 힘든 걸까. 미소를 띠는 나의 얼굴을 바라본다면 얼마나 좋을까. 사실 누구나 나를 힘들게 하는 일을 겪으면 나조차 나를 내팽개치고 싶다. 남이 나를바라보는 시선과 평가, 부정적인 말 을 들으면 속이 상할 때가 있다. 거절당하고 인정받지 못할 때 나조차 나를 인정하지 않고 밀어내려는 방어가 작동한다.

나에게 붙어 있는 꼬리표를 이제 떼야 할 때다. 언제까지나 부정적인 생각으로 할 수 없다고 체념하며 귀찮아하는 마음에 빠져 살 수는 없다. 인생은 짧고 청소년기도 길지 않다. 힘든 일이 나에게 올 때 내가 나를 이해하고 사랑하고 포기하지 않아야 한다. 우선 내가 힘들 수 있음을 인정한다. 자신이 타인과 환경을 바꿀 수는 없다. 그러나 자신을 다독이면서 참고 갈 수는 있다. 가슴이 답답할 때 스트레칭을 해주면 몸의 긴장이 풀리는 효과가 있다.

어려움이 닥칠 때 한번 참아보면 또 참을 수 있다. 한 번 참는 훈련이 중요하다. 참기 위해서는 어려움과 고통을 극복하는 힘이 필요하다. 어려움과 고통을 극복하는 힘은 자아 성찰에서 온다. 내면이 강해져야 가능하다. 이리저리 사람과 일, 상황 때문에 분노하고 회피한다면 나와 타인이 나를 신뢰하기가 힘들다.

자아 성찰을 어디서부터 해야 할지 막막할 때 에니어그램의 지혜를 이용할 수 있다. 에니어그램으로 마음의 집착이 인간관계에 어떤 영향을 주는지 살필 수 있다. 타인에 대한 공감이 안 되는 이유도 깨달을 수 있다. 내 마음의 지도를 보면서 마음의 폭을 좀 더 넓혀보자. 자신을 이해하면 바로잡아나갈 수 있다.

번호가 몇 번이든지 남에 대한 공감과 배려를 실천한다면 성숙으로 갈 수 있다. 이런 과정을 통해서 나를 깊이 이해하고 성숙 레벨을 올리는 기회로 삼자. 사실 9가지의 특성이 모두 우리 안에 있다. 그래서 균형 잡힌 인격으로 갈 수 있다.

▶ 아래는 번호별 묵상 질문이다.

나의 번호 내용을 묵상하고 묵상한 내용을 적어보세요.

〈8번〉

① 남의 말을 끝까지 귀 기울여 들었나?

② 다른 사람을 지배하지 못하게 되었을 때 화를 내고 오만하게 굴었는가?

〈9번〉

① 무책임하게 내 생각과 관계없이 다른 사람이 하자는 대로 끌려갔는가?

② 갈등을 회피하려고만 하고, 게으르게 지냈는가?

〈1번〉

① 내 생각만 옳다고 느끼고 독선적으로 행동했는가?

② 화가 났을 때 화가 난 나의 모습을 느낄 수 있었나?

〈2번〉

① 다른 사람들이 싫다고 할까 봐 내 속마음을 표현하지 않고 외면했는가?

② 다른 사람들이 내가 원하는 대로 해주지 않아서 속상한 것을 인정하는 가?

〈3번〉

① 다른 사람들의 눈에 잘 보이려고 거짓 모습을 꾸며 보였는가?

② 일 처리를 우선시하여 자신이나 타인의 감정을 무시하고 밀어붙였는가?

〈4번〉
① 내가 너무 불쌍하고 우울해서 절망에 빠져 있었는가?

② 그 기분 때문에 남들에게 막 대했는가

③ 다른 사람들과 나를 비교하고 다른 사람을 부러워했는가?

〈5번〉
① 다른 사람들과 부딪히기 싫어서 말 안 하고, 도망쳐 숨어버렸나?

② 시간과 물건이 아까워 다른 사람들에게 인색하게 대했는가?

〈6번〉
① 객관적으로 판단하기보다, 일단 내가 믿게 된 기준을 더 고집했었는가?

② 두려운 생각에 사로잡혀 주위 사람들에게 아무 일도 못하게 했나?

〈7번〉
① 내가 싫어하는 일을 하지 않으려고 온갖 다른 이유를 둘러대었나?

② 일이 잘못되었을 때 즉시 합리화를 하여 그 정도면 괜찮은 것으로 생각하고 빨리 편안해지려고 했는가?

2 희망의 메시지

〈바보 빅터〉의 이야기를 읽었다. 말을 더듬고 어리숙한 빅터는 언제나 놀림의 대상이었다. 지능 검사에서 173이 나오자 이를 믿지 못한 선생님은 73이라고 고쳐 적었고, 빅터는 이후 17년 동안 자신을 바보라 믿으며 살았다. 그러나 어른이 된 빅터는 자신의 천재성을 깨닫고 진정한 자신의 모습을 찾아가면서 그동안의 아픔을 떨쳐낸다. 이야기는 아름다운 결말로 끝을 보지만 빅터의 어린 시절은 너무나 안타깝다. 빅터를 바보로 만든 어른들에 의해 아름다운 꽃을 피워야 할 시기에 두려움과 아픔으로 세상을 배워야 했기 때문이다.

나는 청소년 커리어코치로서 청소년들에게 자기소개서 특강을 하고 있다. '자신의 콘셉트를 잡고 구체적인 경험을 스토리화하라.'는 원리로 청소년들에게 자기소개서 작성을 가르친다. 그런데 유독 자신의 장점을 쓰는 부분에서 머뭇거리며 여백의 종이만 바라보는 학생들이 있다. 칭찬을 받지 못했기 때문이다. 나 자신도 칭찬에 인색했던 모습을 반성하며 학생들의 장점을 찾아주었다. 그리고 조금씩 여백을 채워가는 모습에 희망을 느껴본다.

우리 사회가 청소년들의 가능성을 칭찬하기보다 은연중에 바보라는 꼬리표를 먼저 붙였는지도 모른다. 청소년들이 바보로 살지 않도록 칭찬의 말을 하자.

"너만의 장점이 있어!"

"넌 할 수 있어!"

"넌 강하고 아름다워!"

사랑하는 너에게

✎이 모습 이대로의 나를 인정하고 사랑하자.

나를 소중히 여기고 사랑하고 인정하자. 나에겐 무한한 가능성이 있다. 다른 사람과 나를 비교하지 않고 자신감을 가지고 당당하게 살아가자. 나를 진실로 사랑하는 자만이 이웃을 사랑할 수 있다. '네 이웃을 네 몸과 같이 사랑하라'고 성경은 말씀하고 있다.

소중하고 축복받은 나를 사랑합니다!

✎ 기본을 지키는 사람이 되자.

'깨진 유리창의 법칙'은 아주 사소한 작은 것 하나가 결국 커다란 결과를 가져올 수 있다는 것을 보여준다. 가장 사소한 것 하나를 지키면 나중에는 그것들이 쌓여 좋은 결과를 가져온다.

✎ 나의 콘텐츠를 가지기 위해 준비하자.

나의 콘텐츠는 나만이 가지고 있는 색깔이라고 말할 수 있다. 내가 가진 흥미와 재능, 잠재력을 깨닫고 그 분야를 키워나가는 것이다. 모든 사람의 콘텐츠에는 기본적으로 좋은 성품이 자리 잡아야 한다. 성실과 인내, 배려와 나눔이 있는 사람은 어디서 무엇을 해도 좋은 열매를 기대할 수 있다.

✎ 좋은 습관을 지니자.

습관은 제2의 천성이다. 나쁜 습관이 성격으로 굳어지면 삐뚤어진 모습으로 인생을 망칠 수 있다. 좋은 습관은 인생의 탄탄한 기초가 되어 성공의 거름이 된다. 거짓말을 하지 말고 정직한 사람이 되자. 정직은 최선의 방책이다. 많은 성공한 사람들이 부정직한 방법으로 그 자리에 올라갔으나 결국 추락하는 것을 볼 수 있다. 어떤 순간이라도 정직을 택할 때 신은 정직한 자의 편이다.

✎ 부모님과 선생님의 권위를 인정하고 존중하자.

어른들의 권위를 인정하고 존중하는 자세는 인간에게 가장 기본적인 삶의 자세이다. 부모님과 선생님에게 인사를 잘하고 감사의 마음을 표현하는 것은 인간이 갖추어야 할 기본적인 예의이다.

✎ 열정을 가지고 꿈을 꾸어라.

소망을 잃는 것은 팔다리를 잃는 것보다 훨씬 치명적이라고 닉 부이치치는 말하였다. 지금은 마음껏 상상하고 꿈꿀 수 있을 때다. 꿈을 꾸는 자만이 그 꿈이 이루어지는 것을 볼 수 있다.

✎ 생각만 하지 말고 작은 것이라도 실천하자.

공부를 모두 잘하고 싶다. 그러나, 공부를 하는 자만이 잘할 수 있다. 공부는 계획을 세워서 매일 꾸준히 실천해야 한다. 내가 꿈을 이루기 위해 해야 할 것을 적고 하나라도 실천하자. 열정을 습관화해야 성공할 수 있다.
(예-독서 20분씩 하기, 영어단어 5개 외우기, 수학 문제 2개 풀기)

✎ 독서를 해서 남을 이해하는 넓은 마음을 가지자.

인생은 몇 년으로 승부가 나지 않는다. 당장에는 표시가 나지 않지만, 꾸준히 책을 읽은 사람은 40대에 책을 읽지 않은 사람과 큰 차이가 난다. 인생의 열매를 거두어야 할 때 독서를 한 사람은 마음을 돌아보면서 이해심이 넓은 사람이 된다.

✎나누자.

가장 이타적인 사람이 가장 이기적인 사람이다. 지금 신이 내게 주신 것 가운데 나눌 수 있는 것이 있다면 작은 것이라도 나누어 보라. 반드시 되돌아 오는 선순환을 경험하게 된다. 나누면 모자라는 것이 아니라 더 풍성해지고 모두가 더불어 살아갈 수 있게 된다. 불행은 욕심으로부터 온다. 나눌 때 행복하다. 사회인이 되면 수입의 1%를 사회에 환원하자. 재능을 기부하자. 남을 돕고 나누는 행동은 힘들다. 그래도 결국에는 나눔의 진정한 의미와 행복을 깨닫는다.

사랑하고 축복합니다!
감사합니다!

3 감사

 이 책의 마무리 부분에서 '감사'를 결론으로 말하고 싶다. 앞에서 우리는 에니어그램을 통해 자기 이해를 배웠다. 자기 이해를 통해 나를 긍정적으로 바라보는 관점이 생겼다면 책을 읽은 의미가 있다.

 그러나 하루아침에 긍정적으로 나를 바라본다는 것이 어려울 수 있다. 여태까지 부정적인 마음으로 살아온 시간과 경험의 양이 많기 때문이다. 그런데 감사는 무거운 어두움을 몰아낼 수 있는 마법과 기적의 열쇠다. 나의 강점과 약점은 사회라는 공동체 속에 서 어우러진다.

 언젠가 꽃집에서 안개꽃과 섞인 보라색 라벤더 계통의 꽃을 보고 순간 넋을 잃었다. 색깔이 참 아름다웠다. 내가 녹색이 좋다고 녹색만 보면서 살면 녹색의 아름다움조차 느끼지 못한다. 다른 색 속에서 녹색의 아름다움을 발견한다. 마찬가지다. 색깔이 어울려야 아름다운 것은 여러 가지 성격이 어울려야 모자이크가 완성되는 것과 같다. 신이 만들어놓은 조화와 균형의 아름다움 때문이 아닐까. 모자이크는 전체 조각이 다 모여서 하나의 그림을 만든다. 모자이크에 나의 조각이 한 부분을 차지한다. 한 조각 한 조각보다는 전체 그림이 만들어지면 된다. 그중 나의 조각이 떨어져 있다면 구멍이 나서 완벽한 그림이 될 수 없다.

나의 색깔과 모양이 어떠하든지 완성을 위해서는 필요하다. 그래서 남과는 다른 나의 모습 이 대로를 감사할 수 있다. 그러나 감사는 쉽지 않다. 많은 곳에서 '감사하기'가 중요하다고 말하고 있다. 그렇다면 "무엇을 감사하고 있나요?"라고 물으면 쉽게 감사의 제목이 튀어나오지 않는다. 감사는 마음 깊은 곳에서부터 나오기 때문이다. 마음이 긍정적일 때 감사할 수 있다. 나의 마음에 쓰레기가 가득 차 있다면 감사하기가 너무 어렵다. 마음의 쓰레기를 먼저 청소해야 비로소 '감사'라는 선물을 담을 수 있다.

북한 관련 콘퍼런스에서 들었던 한 총장님의 메시지가 떠오른다. 이분은 후천적으로 시각을 상실하셨다. 총장님은 '눈이 안 보이는 데 손발이 있으면 뭐 하나'하고 자포자기의 심정이었다.

그러다가 총장님은 데일 카네기의 '인생의 길은 열린다.'라는 책의 한 문장에 감동을 받으셨다. '너는 언제나 너보다 못한 사람이 있다는 것을 기억하라.' 총장님은 이 말씀을 묵상하면서 자신의 처지에 감사할 수 있었다.

사람은 거의 본능적으로 나보다 나은 사람을 보면서 비교에 빠지기 쉽다. 마치 맛있는 요리 향기가 나는 쪽으로 코가 가고 보석에 저절로 눈이 가는 것과 같다. 이러다 보면 감사할 마음의 틈이 없다. 눈에 보이고 들리는 모든 것이 나보다 나아 보인다.

TV나 SNS에 나오는 사람들은 모두 나보다 더 잘나가고 성공한 사람들로 보인다. 좋은 집과 차, 여행과 맛있는 음식이 있는 사진에는 여유와 풍요가 흐른다. 나만 매일 죽을 둥 살 둥 살아가고 있다. 그러면서 난 왜 남보다 행복하지 않을까 하며 우울 상태로 들어간다. 나만 빼고 세상은 행복하고 아름답기만 하다. 어느새 원망이 마음에 자리를 잡고 낙심으로 떨어진다. 나는 지금 감사할 수 있는 상황이 아니다. 감사는커녕 분노와 원망의 불길이 솟아오른다. 내가 무시당했기 때문이다. 자존심도 너무 상해서 마음이 진정 이 안 된다. 그럴 때조차 감사를 떠올린다면 비로소 마음의 갈피를 잡기 시작한다. 분노와 원망의 불이 감사를 떠올리자 조금씩 꺼져간다. 감사가 마치 소화기라도 되는 양 말이다.

나는 감사가 쉽다고 생각했다. 감사는 생각보다 힘들다. 감사를 하기로 한 뒤에 나를 돌아보면 감사를 못한 경우가 더 많다. 실제로 '감사합니다'라는 표현을 매사에 많이 한다. 감사하면서 살고 싶기 때문이다. 감사 일기도 1주일에 3번가량 쓰고 있다. 그렇게 해도 감사가 저절로 안 생긴다. 의도적으로 감사를 해야 한다. 그래서 나보다 안 좋은 처지에 있는 사람들을 볼 때 비로소 감사할 수 있다. 나는 감사를 하면서 마음의 쓴 뿌리가 치유되는 경험을 했다. 감사는 성장을 가로막는 병을 치료할 수 있다.

감사는 강력한 마음의 치료제다. 부정적인 말과 어두운 마음의 치료제가 된다. 나는 감사하면서 병든 마음에 약을 바르는 느낌이었다. 아프고 쓰리고 구멍이 숭숭 났는데 메워지고 아물어졌다. 약이 빠르게 퍼져서 낫는 효과를 몸이 느꼈다. 그러면서 어둡고 구겨지고 일그러진 감정이 한 발짝 뒷걸음을 쳤다. 감사는 자신이 해보면 마음에 어떤 움직임을 주는지 바로 알 수 있다.

감사는 마음에 에너지를 준다. 굳어진 얼굴의 주름도 펴준다. 나를 힘들고 어렵게 하는 사람들과 상황 속에서 할 수 있는 것이 별로 없다고 여겨진다. 바로 그때 감사를 할 수 있다. 감사는 돈이 굳이 필요 없다. 마음을 좀 열고 하늘을 보면서 심호흡을 한다. 얼굴에 살짝 미소를 띤다. 그리고 '감사합니다'라고 고백해 보라. 인생을 어렵고 힘들고 슬프고 우울하고 희망이 없다고 본다면 이제부터라도 감사를 시작하자. 그 시점부터 인생은 즐겁고, 기대되고 뭔가 좋은 일이 있을 것 같은 기분이 될 수 있다.

감사는 일상의 지루한 삶을 환희와 감동과 즐거움으로 바꿀 수 있는 알라딘 램프다. 나는 오늘 즐겁고 행복해지고 싶다. 나는 조금 더 성숙해지고 싶다. 내가 배운 좋은 내용을 실천하고 싶다. 지금보다 한 뼘 더 변화하고 싶다. 오늘보다 나은 내일을 살고 싶다. 지금보다 조금 더 좋은 모습으로 바뀌고 싶다.

나는 과연 무엇을 해야 할까? '감사하기'이다. 지금 바로 감사한 일 한 가지를 생각해 보자. 감사할 수 없는 것들이 더 많음을 알게 된다. 그래도 찾아보면 한가지는 말할 수 있다.

"밝은 햇살이 감사합니다."

"걸을 수 있는 다리가 있어 감사합니다."

감사는 나의 삶에 다른 사람들이 어떻게 혜택을 주었는지 말과 행동으로 알려주는 것이다. 감사는 존중을 포함하고 결국 배려가 나온다. 감사는 자신의 상황을 겸손히 받아들이면서 더 나은 현재를 기대하는 것이다. 감사의 가치는 감사해 본 사람만이 경험한다. 나는 감사가 주는 힘을 이미 경험했다. 그래서 이제는 원망만 나오고 결코 감사할 수 없는 제목들을 무조건 '감사합니다'라고 고백한다. 이렇게 하면 마음이 생기를 얻고 평안을 회복한다.

 나무에 영양분을 주듯이 나의 성장에 필요한 자양분인 감사를 나에게 뿌려주자. 감사는 그만한 가치가 있다. 감사를 하기 시작하면 감사에 꼬리를 물고 감사할 일이 계속 일어난다. 그래서 다시 감사하기를 반복한다.

 변화와 성장을 위한 열쇠는 '감사하기'이다. 변화와 성장이라는 큰 그림을 두고 오늘 해야 할 일은 바로 '감사하기'이다. 왜냐하면 감사는 엄청난 힘이 있기 때문이다. 감사는 모든 것을 긍정적으로 바라보는 시각을 준다. 무엇보다 매일 감사하는 연습을 하자. 아주 사소한 것을 감사하는 습관이 필요하다.

"오늘 하루 먹고 살 수 있는 음식을 주셔서 감사합니다.""살아 있어서 감사합니다."

"오늘 하루라는 선물을 주셔서 감사합니다."

"나와 가족, 우리 반 학생들이 날마다 조금씩 한 걸음이라도 성장해서 감사합니다."

▶ 내가 지금 할 수 있는 감사는 무엇인가?

4 성장

두 종류의 사람

이 세상에는 두 가지 종류의 사람이 있다. 하나는 중국집에 짜장면을 먹으러 가서 식초와 간장을 사용한 뒤 원래 제자리에 두는 사람이다. 다른 하나는 식초와 간장을 꺼내서 사용한 뒤 그대로 테이블에 두고 가는 사람이다.

이 두 종류의 사람을 30년간 추적해보면 결과가 어떻게 나올까. 30년간 추적을 하지 않아도 결과는 나온다. 자신이 먹은 식초 하나를 제자리에 두는 사소한 행동이 큰일까지 영향을 미친다. 책임감을 가늠할 수 있는 행동이다. 사소해 보이지만 식초 하나를 제 자리에 안 두고 내팽개치고 가는 사람은 어떻게 행동할지 상상이 간다.

회사에서나 어디서든 자신이 사용한 물건을 제 자리에 안 둘 것이다. 자신이 맡은 일도 제대로 끝내지 않고 그대로 둘 가능성이 크다. 사소한 일에 보이는 행동은 큰일에도 똑같이 행동한다. 자신의 몸에 밴 습관대로 움직일 것이기 때문이다. 무슨 일에든지 제대로 책임감을 발휘하지 않을 가능성이 크다. 나와 나의 주위 사람이 어떤지 돌아보기를 바란다. 내가 지금까지 그렇게 살아왔다면 반성을 하자.

중국집에 20개의 테이블이 있다. 20명이 식초를 제자리에 두지 않고 테이블에 이리저리 방치하면 직원 한 명이 20번 이상 손을 움직여야 한다. 남에 대한 최소한의 기본적인 예의를 저버린 사람이 큰 예의를 지킬 수 있을까. 아주 사소한 습관을 보면 인생 전체를 어떻게 사는지 알 수 있다. 성장하고 변화하기 위해서는 사소한 것을 지키는 습관이 필요하다. 무엇보다 나의 사소한 습관 형성이 모여서 변화됨을 강조하고 싶다.

일요일에 교회 우리 반 학생들과 소예배실의 쓰레기 줍기를 했다. 쓰레기를 주우면서 인생의 기초가 무엇인지 배우기를 원했다. 인생의 기초는 쓰레기를 줍고 제대로 분리수거하는 것이다. 이것이 되면 다른 것도 구분하고 정리한다.

사소한 쓰레기를 제대로 버리지 않고 책임을 못지는 사람은 다른 것도 마찬가지다. 생활이 정리가 안 되고 엉망이다. 자신의 쓰레기 하나를 제대로 처리할 책임감이 없는 사람이 어떻게 자기 인생을 책임지고 운영해나갈까. 쓰레기를 주워서 쓰레기통에 넣는 습관을 우습게 보면 안 된다. 성공한 사람과 그렇지 못한 사람의 차이는 사소한 습관의 차이로 볼 수 있다.

그래서 오늘 한 번 인생의 성공을 위해서 쓰레기를 주워보자. 마음과 생각이 달라짐을 느낄 수 있다. 무엇인가에 끌려가는 인생이 아니라 주도하는 인생이 된다. 쓰레기를 줍는 사람은 주도성을 누릴 수 있다.

변화의 과정

변화는 저절로 오지 않는다. 성장을 위해서는 고통도 필요하다. 인생이 마카롱 맛처럼 달콤하지만은 않다. 고통을 겪어야 기쁨이 무엇인지도 안다. 성장과 변화를 위한 고통의 과정이 있다.

바닥을 쳐야 비로소 변화가 시작된다. 바닥은 길을 가려면 반드시 거쳐야 하는 터널 같은 곳이라고 할 수 있다. 바닥은 변화와 성장도 주고 현재를 살 힘도 준다. 눈물의 빵을 바닥에서 먹어보아야 비로소 인생을 이해하고 인간을 이해할 수 있다.

바닥이 무엇이냐고? 대부분의 청소년이 잘 치는 바닥이다. 가장 낮은 점수에 가장 낮은 성적, 거기다 나에 대한 가장 낮은 평가 등이다. "나는 바닥을 잘 쳐요."라고 말하고 싶은 심정일지도 모른다. 청소년만 바닥을 치는 것이 아니다. 누구나 바닥을 친다. 나무도 바닥에 몸을 두고 서 있다. 나무는 언제 어디서나 볼 수 있다. 너무 친숙한 존재라고 나 할까. 내가 녹색을 좋아하는 이유는 나무가 주는 싱그러움 때문이다. 우리는 나무와 사계절을 같이 지내면서 살고 있다.

나무는 사계절을 겪으면서 나이테를 더하고 더 높이 자라지만 항상 좋은 날만 보내는 것이 아니다. 봄에는 4월의 잔인한 꽃샘추위를 몸으로 다 맞고 겨우내 언 몸을 풀기 시작한다. 여름에는 장마철 태풍도 만나고 비바람 속에서 허리가 끊어질 것 같은 시간을 통과의례처럼 겪는다. 가을에는 주렁주렁 열매를 맺는다. 그러나 모든 것이 다 떨어지는 냉랭한 겨울에는 그냥 꾹 버텨내는 수밖에 없다.

나무의 사계절을 보면서 내 인생의 사계절을 떠올려본다. 나무가 치는 바닥도 그려본다. 나무는 하늘을 향해 좀 더 높이 나아가지만 뿌리는 바닥에 닿아 있다. 땅이라는 바닥에 붙어 사계절을 보낸다. 땅이라는 바닥에서 겪는 고통 속에서 조금씩 나이테를 늘리면서 몸집도 커지고 키가 자라면서 우람해진다.

나무는 하늘을 향해 좀 더 높이 나아가지만 뿌리는 바닥에 닿아 있다. 땅이라는 바닥에 붙어 사계절을 보낸다. 땅이라는 바닥에서 겪는 고통 속에서 조금씩 나이테를 늘리면서 몸집도 커지고 키가 자라면서 우람해진다.

나 또한 고난이라는 바닥에서 나의 모난 성격이 깎이면서 성숙해간다. 아픈 만큼 성숙해진다는 유행가 가사처럼 내가 아픈 만큼 남이 얼마나 아픈지 느낀다. 또한 모멸감을 느끼면서 사람을 존중하는 법도 배운다. 내가 공감받지 못하고 배려받지 못하면서 공감과 배려의 중요성을 뼈저리게 느낀다. 사소한 것에서 타인을 배려하는 태도와 행동도 배운다. '먼저 사람이

돼라'는 말이 무엇을 의미하는지 깨닫는다.

오늘 공공 화장실에 들어갔는데 화장지가 바닥에 널브러져 있었다. 청소하시는 분을 위해 화장지를 쓰레기통에 넣었다. 별것 아니지만, 작은 나의 행동 배려라고 생각한다.

나이만 어른이 아니라 조금씩 행동도 성장한 사람이 되어가고 있다. 사회생활 속에서 여러 사람을 만난다. 타인에 대한 배려가 없는 많은 사람을 겪었다. 지하철을 타고 가는데 어떤 사람이 나를 밀고 내 앞을 지나간다. 내가 앞 사람과 거리를 두고 에스컬레이터를 타고 가면 그 사이를 새치기하면서 들어 온다. 빈 좌석이 생기면 주위에 어르신이 계시든지 말든지 자신이 앉기가 바쁘다.

나는 이런 모습을 겪으면서 지하철에서 타인에게 양보하고 조금 늦더라도 최소한 지켜야 할 기본적인 예의와 질서를 지키기로 했다. 내가 이렇게 살기로 작정한 것은 바닥을 쳤기 때문이다. 바닥에서 가장 기본적인 것을 지키는 삶이 무엇보다 중요함을 뼛속 깊이 깨달았기 때문이다.

우람한 자태로 하늘을 향해 뻗은 나무를 보면 바닥에서 고통을 겪으면서 인내로 버텨온 세월이 그려진다. 그리고 나무에게 왠지 모를 동질감을 느낀다. 나 또한 고난 속에서 성장하고 있기 때문이다.

지금 내가 바닥인 상태라도 너무 좌절하지 말자. 바닥을 치고 나면 이제 올라갈 일만 있다. 바닥 속에서 거친 말투와 막말도 조금씩 버리면서 가자. 말은 마음에서 나온다. 사람들이 싫어하는 모습은 조금씩 바꾸면서 가자. 냉소적인 모습이 자랑도 아니고 본인에게 별로 좋을 일이 없다.

습관 가꾸기

너무나 싱싱했던 화초가 말라 죽었다. 다시 살기를 바라고 옥상에 올려놓고 비도 맞혔지만 몇 가닥 살아있던 잎마저 죽었다. 허망하다. 내가 관리를 잘 못했다. 물을 좋아하는 화초라는 정보를 살 때 들었다. 그런데 내가 좀 게을러서 물을 계속 공급하지 않았다. 벽 화분 걸이에 넣어 둔 이후로 마르더니 급속도로 말라서 이제는 완전히 말라비틀어져서 보기가 흉하다. 사람도 자신을 가꾸기를 포기하고 방치하면 급격하게 생기를 잃고 바닥으로 떨어질 수 있다.

화초를 보면서 자기 관리의 중요성을 깨닫는데, 우리 반 남학생들이 떠오른다. 우리 반 남학생들의 생활 습관이 안타깝다. 귀찮아하는 버릇에 걸려서 생기도 없고 자신의 성장을 위해 두 가지를 매일 조금씩 실천하라고 해도 잘 안 한다. 눈에 초점이 없다. 노는 것과 게임을 좋아한다. 자신의 변화와 성장에 도움이 되는 것은 쉽게 권태를 느끼고 잘 못 견딘다.

나 또한 비슷하다. 말라비틀어져 쓰레기통으로 들어가기 일보 직전의 화초를 보면서 나의 생활 습관을 돌아본다. 매일 조금씩 천천히 실천해야 할 리스트가 있는데 잘 안 하고 있다.

한 줄 글쓰기도 안 한 지가 몇 달이 되었다. 오늘 수필 반 교수님께서 매일 한 줄이라도 글쓰기를 하라고 하셔서 다시 시작했다. 삶이 황폐해지지 않도록 나를 매일 매 순간 가꾸어야 하겠다.

인생이 어려운 이유는 어느 날 갑자기 하늘에서 행운이 떨어지지 않기 때문이다. 매일 조금씩 나를 쳐서 복종시키면서 한 걸음씩 나가야 한다. 일상은 언제나 지루하고 힘들어서 빠져나와서 도망가고 싶다. 변화는 일상에서 시작되고, 나로부터 비롯된다. 5차원교육에서도 '매일 조금씩 천천히' 실천하기를 통해 삶이 변화됨을 강조한다.

변화에 대한 소망을 잃어버린 사람들을 본다. 새해가 기대가 되지 않느냐고 물어보면 고개를 가로 젓는다. 새해가 되어도 바람과 기대가 없다. 새해 달력에 이제 스케줄 계획도 안 짠다. 게다가 알아도 안 보고 안된다는 말부터 하는 마음 밭이 있다. 내가 그런지 돌아보자. 그리고 그 결과들이 어떠한가? 스스로 기회를 박탈한다.

자기비하는 자신을 소중하게 여기는데 큰 장애물이다. 비하의 말이나 부정적인 말들을 삼가고 조심하자. 그리고 포기 하지 말고 가자. 시작도 중요하지만, 마무리는 더 중요하다.

세상을 너무 팍팍하게 살지 말자. 새해가 밝으면 그래도 나의 발전을 위한 계획도 짜 보고 나를 응원하자. 내가 안 좋아하는 음식을 가족이 먹고 싶다고 하면 한번 같이 맛있게 먹어주는 배려를 베풀어 보자. 그래야 내가 도움이 필요할 때 배려가 돌아온다. 너무 나 중심으로만 생각하고 말하고 행동하지는 않는가. 그러한 말과 행동이 타인을 힘들게 만든다. 결국 나도 행복하지 않고 남도 행복하지 않다.

나의 내면을 긍정적으로 바꾸어가야 한다. 긍정 정서를 일으키는 활동을 실천하자. 매일 30분 유산소 운동인 걷기를 한다. 햇빛 보기도 좋다. 밤 12시 전에 취침 시간을 정하고 수면 준비 활동을 해서 충분히 잔다. 감사 일기를 하루에 3분 이상 쓴다. 주 1회 이상 친밀한 사람과 감정 소통을 한다. 오늘의 우선순위와 목표, 방향성을 주기적으로 적고 평가한다. 책 읽기를 해도 좋다. 쓰레기를 매일 한 번씩 줍기나 남에게 칭찬하는 말을 매일 하나씩 하는 것도 괜찮다.

하루를 시작하며, 하루를 마무리하며 마음과 대화하는 시간이 필요하다. 상한 나의 감정을 토닥이면서 감정일기를 쓴다면 위로와 살 힘을 얻는다. 감정 일기 쓰기를 통해 나의 감정을 알아차리고 받아준다.

게임과 TV 시청을 위해서는 많은 시간과 에너지를 쏟으면서 정작 변화를 위해서 나는 얼마만큼의 시간과 에너지를 투자하는가? 매일 실천하기 목록을 정해서 꾸준히 실천해보자.

현재 내가 할 수 있는 것은 무엇인가? 지금까지 해야 한다고 생각만 한 것을 한 번 시도해보자.

▶ 내가 실천하고 싶은 것은 무엇인가?

♣ 쉬어가는 코너

▶ 4부를 마무리하면서 나에게 남는 생각은 무엇인가?

▶ 나에게 떠오르는 긍정적인 단어나 느낀 점은 무엇인가?

▶ 내가 생활 속에서 실천하고 싶은 점은 무엇인가?

혼자가 아니라 더불어 가기

나를 이해하고 자신감을 갖추는 것은 '나'를 넘어 '우리'가 되는 길이다. 나를 넘어 우리가 될 때 서로 도움을 주면서 살 수 있다. 나는 개인으로 존재하지만, 사회적인 개인이다. 우리는 모두 연결되어 있고, 홀로 고립해서 살아갈 수 없다.

아주 오래된 명언이 있다. '뭉치면 살고 흩어지면 죽는다.' 코로나는 거리두기를 해야 살기 때문에 어쩌면 이와 반대로 말할지도 모르겠다. 그러나 4차산업혁명 시대는 공감과 소통 능력, 협업 능력을 요구한다.

공감 생존의 시대에 살고 있다. 이제 혼자만 잘한다고 생존할 수 없다. 4차산업혁명 시대 기업은 그 무엇보다 타인의 성공을 위해 헌신하고 이바지하는 태도를 요구한다. 더불어 협력하고 융합하는 능력을 요구한다. 단지 학벌과 스펙으로 생존하는 시대는 지나갔다. 코로나19로 인해 학생들이 집에 있는 시간이 많아지면서 스마트폰을 사용하는 시간이 더욱 많아지고 있다는 보도가 있다.

정서적으로나 거리상으로 고립이 될 때 소통은 끊긴다. 서로가 도움을 주고받으면서 살아야 서로의 필요를 채울 수 있다. 혼자 있으면 정서적으로도 피폐해진다. 힘과 에너지를 받을 존재가 없기 때문이다. 정서는 몸까지 영향을 준다. 그리고 안전도 위협받게 된다. 서로의 돌봄이 끊어지기 때문이다. 고립 속에서는 생존이 어렵다. 고립하면 즐거울 수가 없다. 삶이 메마르고 피폐해진다. 고립에서 공존으로 나아가야 한다.

우리는 혼자 가면 너무 외롭다. 남과 같이 가는 것을 연습해야 한다. 같이 가야 마라톤 같은 긴 인생길을 지치지 않고 갈 수 있다. 나의 모습이 너무 연약해 보여도 공동체를 떠나서 살 수는 없다. 물고기가 물을 떠나서 살 수 없듯이 말이다.

나의 재능이 필요한 사람을 살리면서 손을 잡고 함께 가자. 나와 모두의 인생을 향한 아름다운 소망과 상상이 현실이 되길 기대한다.

양옥미 E-mail: 21ycec@naver,com